JN049198

構築された仏教思想
一遍——念仏聖の姿、信仰のかたち

長澤昌幸

はじめに

　今日、鎌倉仏教を淵源とする宗派は数多く現存しているが、その嚆矢は称名念仏を提唱した法然である。その法然門下門流では、善導教学への解釈を巡って盛んに議論がなされていた。その念仏の系譜に名を連ねた諸師の中でも一際異彩を放つのが、時宗宗祖一遍であろう。その生涯を知れば知るほど謎めいたものを感じ、私たちを魅了して離そうとはしない。そのため、今もなお、一遍の万事を捨て果てた生き方に憧れ、惹かれる人は少なくない。

　また、近年来、日本中世についての研究もいよいよ盛んになり、様々な成果が呈されているが、七百五十年前、一遍が活躍した日本中世とは、そもそもどのような時代であったのか。周知のように、時あたかも大陸から迫る未知の脅威に曝されていたのである。具体的にはいわゆる元寇《げんこう》であるが、この大陸からの脅威については、様々な情報が錯綜し、状況を把握できない民衆の心理を大きく揺さぶっていたに違いないだろう。まさに末法の世である。しかし、一遍の生涯を記した『一遍聖絵』を見る限り、大陸からの脅威や末法意識については何ら一切触れられていない。これは一体、何故であろうか。あえて語らない何かがそこには、あったのであろう。その状況下にあって一遍は、

旅ごろも木の根かやの根いづくにか　身の捨（て）られぬ処あるべき

と詠じている。この和歌が示すように、彼は全国を旅し、民衆の中に分け入り、念仏札を配りながら踊り念仏を行うことで、極めて地道に念仏の教えを弘めていったのである。『聖絵』にも描かれているように一遍は時衆という運命共同体的な集団を形成統率していくが、その精神において、あくまでも一遍はひとりの念仏聖として終始しているのである。

ところで昨今は、新型コロナウィルス感染拡大に伴う脅威に加え、例年のごとく記録的な豪雨による甚大な災害が頻発している。メディアを通じてその情景をリアルタイムで知るたびに、胸が痛む。あるいはナンセンスであるとは承知しつつも、この時代に一遍が生きていたら、どのように活動し、民衆を救済するであろうか、という思いを禁じ得ない。

さて、本書は今般、佼成出版社の企画になる「構築された仏教思想」シ

リーズの一冊に「一遍――念仏聖の姿、信仰のかたち」として加わることとなった。本書の目的には、一遍の思想を信仰という側面からだけでなく、論理的・知的にも理解できるようにと設定されている。しかしながら、既刊に取り上げられた他の人師とは異なり、一遍にはその思想を表す根本的な著作が伝えられていない。すなわち、その思想構造を論理的・知的に考察できる史料が少ないという決定的な問題点がある。そのため、今回は、念仏聖一遍の思想背景を把握しつつ、限られた現存史料から、その独創的な思想を解き明かすことを目指した。その際、時代背景や人物相関など先行研究を踏まえつつ考察を加えた。

さらに、一遍の後継者である時宗二祖他阿真教、七代他阿託何についても触れることで、一遍滅後の時衆教団の展開、そして、宗祖としての一遍を描写することをも意図した。その両面へかけた著者の思いが少なからず読者に伝われば幸いである。

なお本書は、信仰を勧める書ではないため、全ての祖師方に対する敬称を省略したことを、あらかじめお断りしておく。

史料の引用には適宜ふりがなを付し、読みやすさに配慮し、句読点などを筆者の判断で施した。文中で引用した著書や論文の詳細については、巻末の「参考文献」をご覧いただきたい。

目次

写真協力／時宗総本山清浄光寺（遊行寺）
装幀＝大竹左紀斗

第一章

浄土仏教から一遍仏教の背景

鎌倉後期、大陸からの脅威に民衆が曝されている中、一所不住の姿で全国を旅し、只ひたすら念仏の教えを説いた僧に一遍《いっぺん》（一二三九―一二八九）がいる。後に鎌倉仏教のひとつ時宗《じしゅう》の宗祖と称される人物である。この一遍はなぜ、一所不住に旅を続け、念仏の教えを弘めようとしたのか。この章では、一遍の思想的背景を探ることにしよう。

1 善導

一遍が勧めていた念仏は「南無阿弥陀仏」と称えるものであった。これを称名念仏というが、本来の念仏は仏や菩薩、浄土を観想するものであった。中国・唐代に活躍した浄土教家のひとり善導《ぜんどう》（六一三―六八一）は、人間を「凡夫」としてとらえ、永遠の過去から輪廻を繰り返してきた迷いの存在であるとした。その根底には、「この世にあっては誰もが罪を犯さないで生きることなどできない」という見方があるのである。そのため、「凡夫である衆生が救われる教えは、阿弥陀仏の本願にかなった称名念仏しかない」と説いた。そこに到達できたのは、善導自身が優れた念仏実践者であり、優れた宗教体験から救いが得られるものがあったからではないだろうか。善導には主著『観無量寿経疏《かんむりょうじゅきょうしょ》』（以下、『観経疏《かんぎょうしょ》』）をはじめ『往生礼讃偈』（『六時礼讃』）など五部九巻の著作があり、法然以降の浄土仏教に大きな影響を及ぼしている。

ちなみに、一遍も善導から大きな影響を受けているが、時代が下り、南北期に活躍した遊行七代他阿託何《たくが》（一二八〇―一三五四）は善導を「宗家《しゅうけ》」と呼称し、念仏の元祖として信仰している。ただし、善導を「宗家」と呼称するのは託何だけではなく、法然門下門流で使用されている用語でもある。

2 法然

この善導の教えは、その五百年後の日本に大きな影響を与えた。それが浄土宗祖・法然房源空《げんくう》（一一三三―一二一二　以下、法然と略称）である。法然は、長承二年（一一三三）に美作国押領使漆間時国《うるまときくに》の子として誕生した。しかし、ある日、父漆間時国は、源内武者定明の夜討ちに遭い、そのときの傷がもとで亡くなる。いまわのきわの父は仇討ちをしてはならぬと法然を戒め、その死を機に仏門に入る。やがて比叡山へ登山し、山内北谷の源光に師事、そして、同じく功徳院の皇円（？―一一六九）のもとで出家し、皇円のもとで天台教学を学んだ後、黒谷にいた叡空（生没年未詳）の門をたたき法然房源空と名乗る。そして、南都遊学を経て、凡夫が救われる教えは何かということを探し求め、ついに善導『観経疏』散善義「一心専念弥陀名号、行住坐臥不問、久近時節、念々不捨者、是名正定之業、順彼仏願故」の文に出会う。法然は、これにより、阿弥陀仏の本願である称名念仏によって救われるということを確信し、「南無阿弥陀仏と称えることで誰もが救われる教え」として、この称名念仏を弘めるため浄土宗を開いたとされる。

これこそは、成仏を目指すさとりの仏教から、救いを願う仏教への転換であった。そして、この称名念仏の教えは、身分の上下を問わず多くの人びとに流布した。そのため、多くの弟子、そして、信徒が増えていく。そうした信徒のひとりである九条兼実《くじょうかねざね》（一一四九―一二〇七）は、法然に浄土往生の肝要をまとめてほしいと要請した。法然は、その要請によって念仏の要文《ようもん》を集め、建久九年（一一八九）に浄土宗の根本聖典となる『選択本願念仏集《せんちゃくほんがんねんぶつしゅう》』（以下、『選択集《せんちゃくしゅう》』）を撰述した。これは、法然が「どのような人間であっても、阿弥陀仏の本願に説かれる念仏の教えによって往生できる」ということを体系的に説いた著作である。「阿弥陀仏がなぜ浄土往生の行として称名念仏の一行のみを選択したか」という問題をめぐって、「称名念仏こそは弥陀、釈迦、諸仏が選択された行である」として、仏による選択を説いて、善導が説いた本願念仏に、このあたらしい「選択」という意味を見出したのである。このようなことから、法然は善導を「偏依善導一師《へんねぜんどういっし》」と標榜している。

さて、この『選択集』は全十六章から構成され、各章段ごと篇目・引文《いんもん》・私釈という体裁で統一されており、それら説示の根拠のほとんどが「浄土三部経」や善導の著作を拠り所としている。そこでは釈尊一代の教えを聖道門《しょうどうもん》・浄土門の二門に分け、私たち凡夫が実践できる易行である浄土門に帰入することを勧めた上で法然は、善導に依拠して正行と雑行、そして、正定業《しょうじょうごう》と助業《じょごう》に分け、凡夫の浄土往生の方法を説いている。また、『選択集』十六章では、法然が夢中で半金色の善導に対面し、直接玄義を授けられたという説示がある。これによると法然は、善導を「阿弥陀仏の応現」と解釈し、したがって、その善導の著作である『観経疏』は、阿弥陀仏の直説であるという。このことから、善導『観経疏』は、単なる『観無量寿経』の解釈ではなく、阿弥陀仏の指授、つまり、経典と同等の扱いをするものであることになる。この説示は、当然ながら現在の時宗にも継承されている。

また、一遍と同時代に活躍した東大寺の学僧に示観房凝然《じかんぼうぎょうねん》（一二四〇―一三二一）がいる。凝然は、律僧であり、華厳などを兼学する僧であったため、律・華厳・法相・天台・浄土などの諸宗に通じ、文永五年（一二六八）『八宗綱要《はっしゅうこうよう》』（主要宗派の教義の概説書）をはじめとして、その生涯に総計百二十七部千二百巻余の著作を著したという、まことに博覧強記の人である。それら著作の中には、応長元年（一三一一）に著された『浄土法門源流章《じょうどほうもんげんるしょう》』（以下、『源流章』）がある。この著作は、インド・中国・日本の浄土仏教の歴史及び浄土宗祖法然の思想、そして、その法然門下（一念義幸西　多念義隆寛　西山義證空　鎮西義弁長　諸行本願義長西）についてもその概要を叙述しているため、日本最古の浄土教理史と言われている。この『源流章』によれば、久安六年（一一五〇）法然は数え十八歳にして隠遁し、浄土仏教の研究に励んだ。その結果、浄土仏教は盛んになり、ついに、建久九年（一一九八）、六十六歳にして『選択集』を執筆し、浄土宗を立教し、それ以後、浄土仏教は日本中で盛んになったと記している。凝然自身は浄土宗に属したことがなく、華厳宗の学僧として終始しただけに、むしろ客観性に富んだ文面を呈している。

法然には数多くの弟子が存在し、『七箇《しちか》条起《じょうき》請文《しょうもん》』（一二〇四年）には百九十名が署名している。しかし、『没後《もつご》遺誡文《ゆいかいもん》』では、「但し弟子

3 證空

多しと雖も入室の者は僅かに七名なり」として、入室の弟子（師の室中で法を授けられた、いわば高弟）と同法の名前を挙げている。そのうちのひとりが善慧房證空（一一七七―一二四七 以下、證空）である。この人は後に、浄土宗西山派《せいざんは》（弘願派《ぐがんは》・安心派《あんじんは》）の流祖となる人物である。その経歴は、治承元年（一一七七）、京洛の地に誕生した。父は源加賀権守親季であり、久我通親の猶子（近年の研究では、『尊卑分脈』などによりつつ通親の実子とする説もある）十四歳で出家し、法然に入室する。その後、法然から浄土仏教の奥義を学ぶ。前述したように法然には、数多くの弟子が存在しているが、法然のもとで出家した弟子自体は少なく、證空の存在は特異なものといえよう。以後、二十三年間にわたり、法然に師事している。建久九年（一一九八）に法然が『選択集』撰述の際、證空は勘文役《かんもんやく》（出典を調べる役）及び本文の一部の執筆を行っている。その後、法然から円頓菩《えんどんぼ》薩戒《さつかい》を相伝している。その頃、法然の推薦もあり磯長叡福寺の願蓮について天台教学を学び、政春からは台密を学んでいる。その後、建暦二年（一二一二）の法然滅後、天台座主慈円（一一五五―一二二五、前出九条兼実の実弟）からの譲りをうけて、居住地を東山小坂から西山善峰寺北尾往生院（現、三鈷寺）へと移した。建保三年（一二一五）から、「嘉禄の法難」の直前である嘉禄三

年（一二二六）までの十二年間は、この往生院を本拠地としながら京洛一円を往復しつつ、連日『観経疏』をはじめとする善導著作の講義を行っている。その記録は、『観門要義鈔』（『自筆鈔』）として現存している。また、二回目の講述は、約十年間を費やして行われ、その講述内容が『観経疏他筆抄』（『他筆抄』）である。さらに、三回目の講述も同じく約十年間にわたり行われており、その内容は『積学房鈔』にまとめられている。そのほかの著作には『観経疏大意』『述成』（『述誠』）など二十余部百余巻に及んでいる。寛喜元年（一二二九）奈良当麻寺《たいまでら》に参詣して『観経曼荼羅』を拝見し、善導教学との接点を見いだし、それ以後、その流布に努めている。宝治元年（一二四七）、七十一歳で往生を遂げている。

証空には、門弟も多く、先に挙げた『源流章』には「門人甚だ多し」とし、「證入大徳〈房号は観鏡〉。観真大徳。実信大徳。聖達大徳〈鎮西〉。證慧大徳〈房号は道観〉。修観大徳。浄音大徳。道門大徳。隆信大徳。仏教大徳。遊観大徳等なり」の名を挙げている。さらに、その列挙した門人の弟子たち（いわば孫弟子ら）の動向にも触れている。

この證空門弟の聖達こそ、のちに一遍の師となる人物である。つまり、一遍は、善導・法然・證空・聖達の教学的な潮流のなかにあり、證空によって醸成された浄土仏教を汲んでいることになる。このことは一遍が修学した浄土仏教の系譜をひもとくことにより、一遍仏教の背景にあるものを知ることができる。

4　聖の系譜

これまで浄土仏教の系譜に連なる一遍の背景を見てきたが、一遍を知るためには、もう一面「捨聖《すてひじり》」と呼ばれていたことから「聖」、特に念仏聖の系譜にも連なっていることを押さえなければならない。一遍の伝記である『一遍聖絵』巻三では、一遍が紀伊熊野で熊野権現から神託を授かる場面が描かれている。その詞書《ことばがき》には、

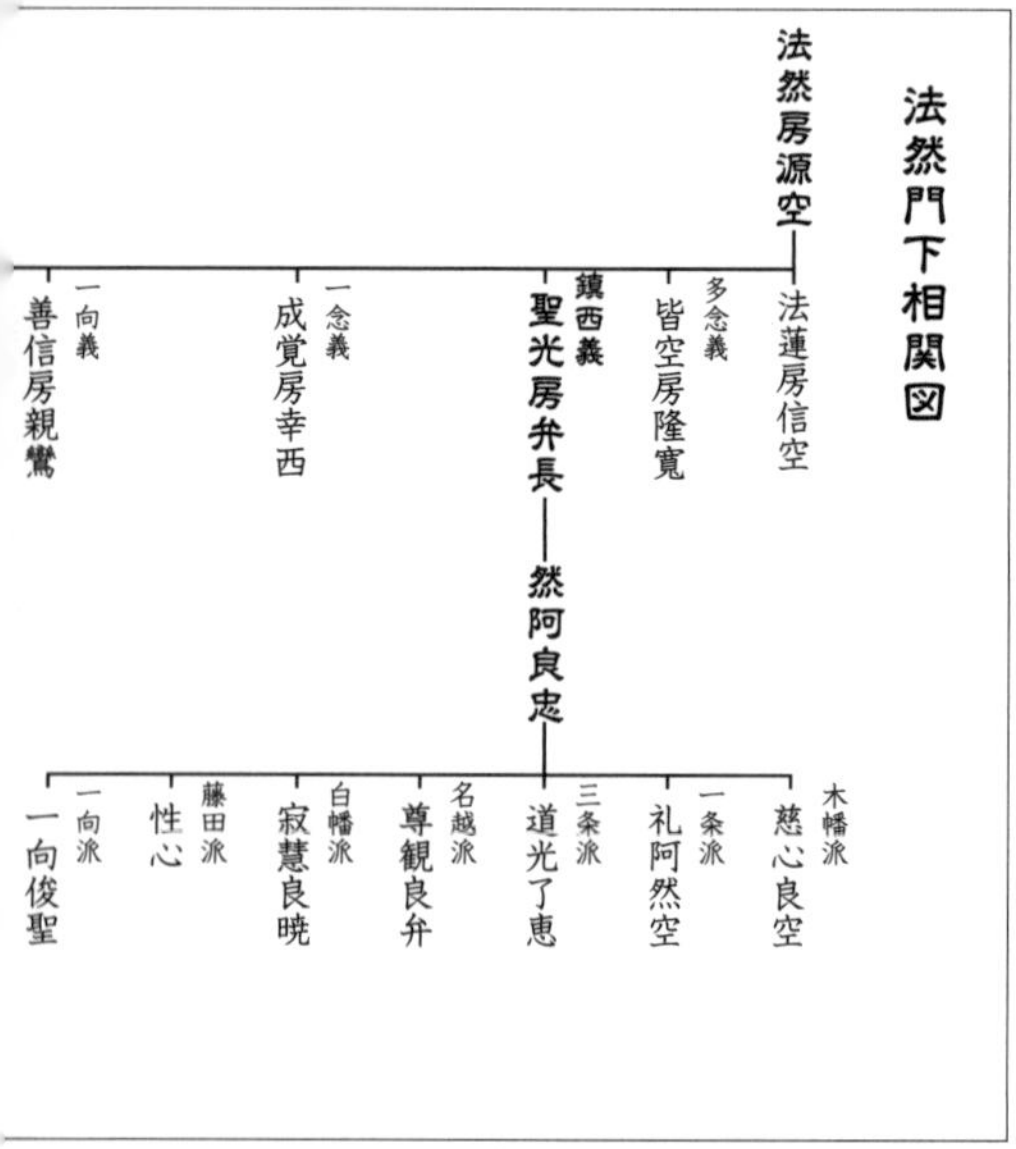

融通念仏すゝむる聖、いかに念仏をばあしくすゝめらるゝぞ。御房のすゝめによりて一切衆生はじめて往生すべきにあらず。阿弥陀仏の十劫正覚《じっこうしょうがく》に、一切衆生の往生は南無阿弥陀仏と決定《けつじょう》するところ也。信不信をえらばず、浄不浄をきらはず、その札をくばるべしとしめし給ふ。

（『定本時宗宗典』〔以下、『宗

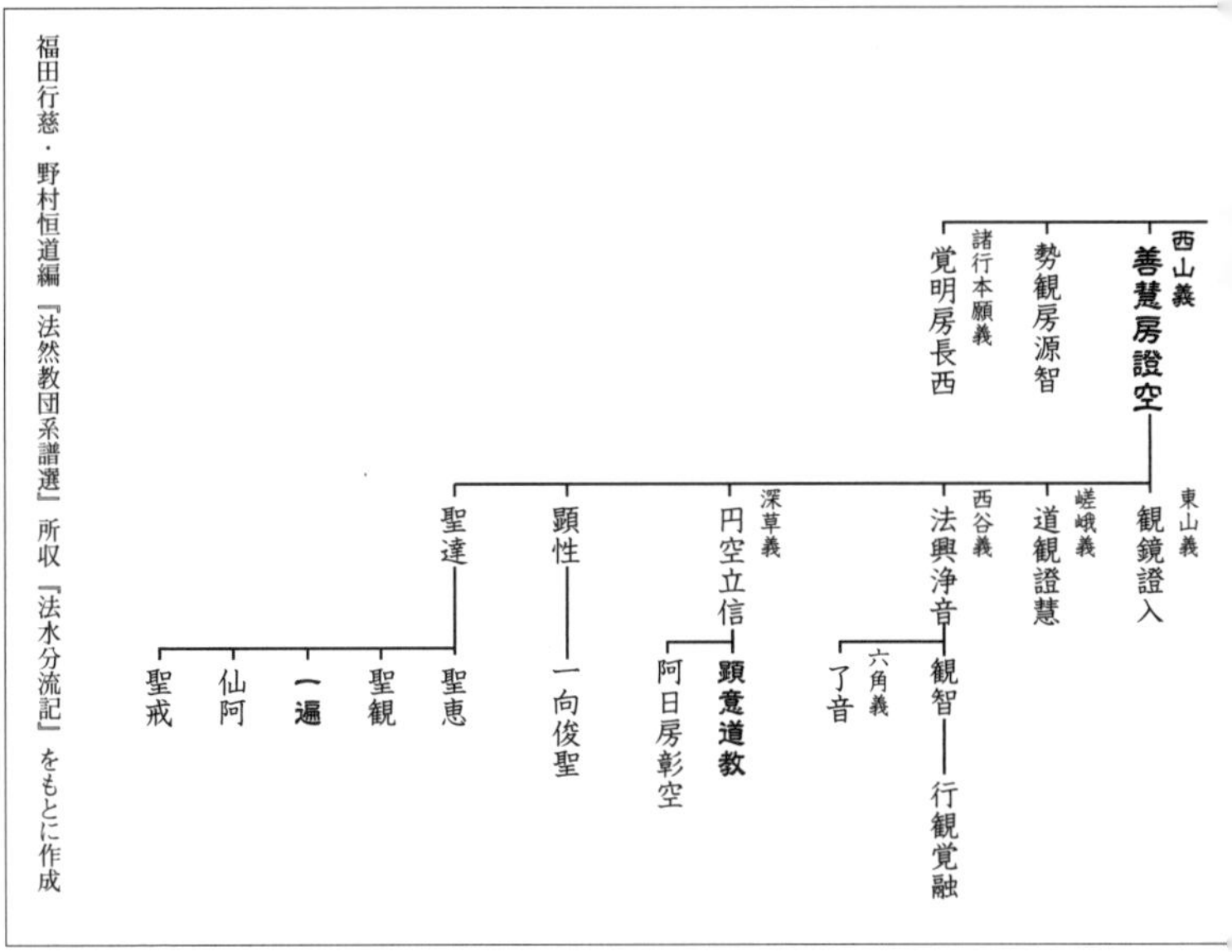

福田行慈・野村恒道編『法然教団系譜選』所収『法水分流記』をもとに作成

典』〕下巻・三六九頁上）

とある。このことから一遍は「融通念仏すゝむる聖」と呼ばれている。ここには融通念仏との関連がうかがえよう。さらには、平安中期の念仏聖・空也《くうや》（九〇三―九七二）のことを「我が先達《せんだつ》」と思慕している。また、『一遍聖絵』巻九には、一遍が天王寺の如一《にょいつ》（―一二八七）、加古川の教信《きょうしん》（八八一―九六七〔伝承〕）、書写山の性空《しょうくう》（九一〇―一〇〇七）を敬慕していることが記されている。このことから、一遍の思想は、単に浄土仏教の系譜でとらえるだけでなく、民間に浸透していた念仏聖からも影響を受けていたといえよう。つまり、こうした念仏聖の生涯やその思想をも含めて考察することによって、一遍の思想をより明確にすることができるのである。

第二章

一遍の生涯

1　史料論

一遍の生涯に関する史料は、現在、国宝に指定されている『一遍聖絵《いっぺんひじりえ》』（以下、『聖絵』）や、原本はないものの多くの模本が存在する『一遍上人縁起絵』（以下、『縁起絵』）などによって知ることができる。

まずは『聖絵』である。その成立は、奥書から正安元年（一二九九）八月二十三日であり、一遍没後十年に完成している。編者については、奥書に「西方行人聖戒《さいほうぎょうにんしょうかい》」とあり、一遍の実弟、或いは弟子とされる聖戒と見られる。原本が永和四年（一三七八）四月十四日に作成された系譜史料『法水分流記《ほっすいぶんるき》』では、證空の門下・聖達（一二〇三―一二七九）の弟子として「聖恵　聖観　一遍　仙阿　聖戒」と記している。現在、聖達を一般的に「ショウダツ」と呼称しているが、西山派深草義では、哲空叙舜《てっくうじょしゅん》『矢石鈔《しじゃくしょう》』、大光演冏《だいこうえんげい》『楷定記先聞録《かいじょうきせんもんろく》』など、近世に撰述された文献において「セイダ」と読み方を付している。このことから、現在、聖戒を「ショウカイ」と読み慣わしているが、これも実は「セイカイ」であったという可能性も否定できない。

この『聖絵』は、国内に現存する絹本着色絵巻物の最高峰と言っても過言ではない。絵画は法眼《ほうげん》円伊であるが、その事歴など不詳であり、他の作品も残っていない。『尊卑分脈』では、大炊御門家系で当時の記録に散見している園城寺《おんじょうじ》（三井寺）の高僧円伊説や、専門絵師であり、工房主宰者でもあった円伊と見る説などがある。ただし、画風から四種類以上に分類できることから、円伊はこの工房にあって指導者的立場の人物であったものと考えられる。詞書はその筆跡から執筆者が四〜五人ほど存在したと見なされている。『聖絵』は、描写や内容など絵画に照射されることが多いが、詞書も勝るとも劣らない内容である。それは一遍が参拝した寺社仏閣の縁起や引用する故事そして、教学的にも浄土仏教、特に西山義に熟知していることがうかがえる。

この『聖絵』は、一遍の伝記の中でも没後十年というごく早期に成立しているため、史実として信憑性の高い史料といえる。全十二巻（この「十二」という数字はいわゆる「十二光仏」が根拠だという）・四十八段（この「四十八」という数字も、いわゆる「弥陀の四十八願」からきているという）から構成されている。

さて、制作背景には、第十二巻に「一人のすゝめによりて此画図をうつし」とあることから、この「一人」を①「いちじん」と読めば天皇②「いちにん」「いちのひと」と読めば摂政・関白③「ひとり」ならば不定代名詞となり、つまり一遍に帰依した人となる。このなかでは、近世成立の聖戒に関する伝記である『開山弥阿上人行状』の記述から、関白であった九条忠教説が従来からあり、「いちのひと」を大臣クラスまで含めていくと、内大臣土御門定実などの名があがっている。このことは、土御門家の人々が『一遍聖絵』に多く登場することや、同家とゆかり深い園城寺との関係性からも十分考えられることである。

現在、清浄光寺《しょうじょうこうじ》の所蔵であるが、近代まで所蔵寺院である六条道場歓喜光寺《かんぎこうじ》（開山は聖戒、もと京都六条にあり、近世には、四条そして、近代には五条へ移転し、現在、京都市山科区にある）に由来し、『六条縁起』とも呼称されていた。

『聖絵』の模本は、御影堂本（紙本墨画　南北朝時代・京都御影堂新善光寺旧蔵　前田育徳会本七巻　北村家本四巻）、旧七条道場金光寺本（江戸時代　藤田美術館本　十二巻）、佐渡大願寺本（紙本著色江戸末期から明治初期　十二巻）、『一遍上人絵伝断簡　江ノ島』（絹本著色　鎌倉時代　重要文化財　個人蔵）がある。詞書のみの版本『六条縁起』三巻、これは安永五年（一七七六）に刊行されている。遊行五三代他阿尊如（一七一一―一七七九）の命を受けて、歓喜光寺三十一世弥阿輪山（現、京都市東山区鳥辺山墓地にある聖戒の供養塔は、この弥阿輪山が建立している）が中心となり、校訂上梓されている。

次に、『縁起絵』についてである。同書には『一遍上人絵詞伝』『遊行上人縁起絵』の別称がある。成立年代は、原本に相当するものが現存しないため、未詳である。しかし、絵巻は二祖他阿真教《たあしんきょう》（一二三七―一三一九）が当麻道場無量光寺（現、神奈川県相模原市南区当麻）で歳末別時念仏会を修した嘉元元年（一三〇三）の場面で終わっており、また、模本である京都金蓮寺本が成立した徳治二年（一三〇七）までの間と推定されている。編者は、奥書から宗俊《そうしゅん》と知られる。この宗俊については不明な点が多い。内容は全十巻四十三段から構成されている。全十巻中、前半四巻十七段は一遍伝であり、後半六巻二十六段は他阿真教（二祖）伝である。ここには明らかに、一遍の後継者が他阿真教であるということを強調し、布教せんとする意図がみられる。そのため、一遍、真教、呑海と続く遊行派を中心とした時宗教団では、この『縁起絵』が正統的な伝記として流布されてきた。その結果、神戸真光寺本十巻〔元亨三年（一三二三）重要文化財〕、京都金光寺本四巻〔鎌倉期、重要文化財〕、別府永福寺本一巻〔南北朝期、重要文化財〕、京都金蓮寺別本一巻〔南北朝―室町期〕、京都金蓮寺本二十巻〔徳治二年（一三〇七）〕、藤沢清浄光寺旧本十巻〔藤沢道場古縁起、明治四十四年（一九一一）焼失〕、山形光明寺本十巻〔文禄三年（一五九四）最上義光寄進　国重要文化財〕、新潟来迎寺本八巻（江戸期）、長野金台寺本一巻〔第二巻　鎌倉期、重要文化財〕、尾道常称寺本四巻〔第二・五・六・八巻　南北朝期、重要文化財〕など、実に二十本以上もの模本がある。各巻の構成や詞書等については多くの場合共通しており、図様面での人物の動作、諸物の配置・建築に異同があるだけで、全く別々に生じた異本ではない。

一遍上人像（遊行寺＝清浄光寺境内）

　それでは、一遍の生涯を『聖絵』を頼りに概観していこう。

2 『聖絵』から見た一遍の生涯

『聖絵』全体を通じて感じられることは、一遍はその行状自体からして、通仏教的な教主である釈尊に憧れていたのではないかということである。『聖絵』の詞書《ことばがき》自体にそのことを示すような記述は無いものの、釈尊の生涯に自らを重ね合わせ行動していたことが明瞭にうかがわれる。仏教徒であり、求道者でもある一遍にとっては、それはごく当たり前のことなのかもしれない。

一遍の生涯を、インド伝統思想（バラモン教）で説かれたいわゆる「四住期《しじゅうき》」にあてはめてみると、

学生期《がくしょう》（師匠のもとで修行する時期）出家し聖達、華台のもとで修行に励んでいた時期。

家長期（家に戻り、結婚などをする時期）父河野通広の没後、伊予に戻り半僧半俗の生活を送っていた時期。

林住期（人里離れて修行する時期）再び修行に励み、善光寺に参籠、伊予窪寺、岩屋で修行し、遊行の旅へ。熊野に参籠し、熊野権現から神託を得るまでの時期。

遊行期《ゆぎょう》（個人的・社会的な執着を捨てて各地を遊行する時期）全国を遊行し念仏の教えを説き、入滅を迎えるまでの時期。

このように四期に分けることができる。

誕生

一遍は、延応元年（一二三九）伊予国（現・愛媛県）に誕生した。幼名は松寿丸といい、生家は伊予の豪族河野氏である。河野氏は、伊予国風早郡河野郷土居（現、松山市河野）を本貫地として台頭した豪族である。その後、勢力を越智郡へも延ばし、三島大山祇神を氏神とする瀬戸内海の一大勢力・越智氏を兼併する様になったという。

一遍の祖父河野通信（一一五六―一二二三）は、源義経に与《くみ》し、源氏が壇の浦で平家一門滅亡を来たすのに貢献した人物である。しかし、承久《じょうきゅう》の乱（一二二一）で、この通信以下、一族の成年男子の多くが後鳥羽上皇方に与し、敗北している。捕虜となった通信は、奥州江刺（現、岩手県北上市）に配流され、他の一族も信州などへ流罪あるいは斬首となった。『予陽予章記』によれば、承久の乱以前の河野氏の所領は五十三カ所、公田六千余町であったが乱後、一族百四十九名の所領が没収されたという。

この承久の乱とは、承久三年（一二二一）、後鳥羽上皇が鎌倉幕府に対して討幕の兵を挙げて敗れた兵乱で、承久の変、承久合戦ともいう。武家政権である鎌倉幕府の成立後、京都の公家政権との二頭政治が続いていたが、この承久の乱の結果により、幕府が優勢となり、朝廷の権力は制限された。そして、これ以後、幕府は皇位継承などに影響力を持つようになる。

一遍の父、河野通広（別府《べふ》七郎左衛門尉、出家後は如仏と号していた）の動向については、はっきりしないが、恐らくつとに出家していたため罪を免れたのであろう。全国にその勢力を誇った河野氏も、鎌倉方に御方した河野通久のみが辛うじてその所領を安堵されたに過ぎない。この河野通久の流れが戦国大名河野氏へと繋がっていく。つまり、一遍が誕生した時、河野氏は没落して久しく、さらに、早く母を亡くし父の命により出家することとなった。河野通広は「別府七郎左衛門尉」と称している。その居住地であるが、現在、松山市河野の近郊にある別府、あるいは東温市別府が推定地とされている。この点、近代の時宗研究者・浅山円祥氏は後者を推している。この東温市別府には別府氏の墓所があり、一遍ゆかりの寺院があるなどその関係性がうかがわれる。さらに近世には、遊行上人廻国の折、墓参をしているという経緯もある。こうした状況証拠的な史実から見て、伝承地道後の可能性もあろうが、おそらく、大橋俊雄氏も指摘する別府の地で一遍は誕生したのであろう。

学生期──浄土の法門を学ぶ

十歳で母を亡くし、父の勧めもあり出家した一遍は、建長三年（一二五一）の春、善入という僧に伴われて九州を目指す。一遍は、太宰府にほど近い筑紫原山《はらやま》に居た證空の弟子聖達に入門した。一遍が向かった聖達の居住地原山は、現、福岡県太宰府市三条・連歌屋付近からその後背部に位置する四王寺山の南東部を指す地とその付近と推定される。同地には、中世に原山寺、原八坊などとも称された無量寺（天台宗系寺院であろう）が存在していたことから、聖達は、この一角に居住していたことになるのではないだろうか。

しかし、一遍は聖達に入門するも直ぐに、肥前国清水（現在地は不詳であるが、佐賀県小城市小城町清水、福岡県鞍手郡若宮町清水を推定する説がある）の華台（『法水分流記』では「華台　号清水上人」とある）のもとに行くこととなった。一遍は、それまで名前を随縁と名のっていたのであるが、華台はそれを智真へと改めさせた。なぜならば、善導『法事讃』下巻に「極楽無為涅槃界は、随縁の雑善をもっては、おそらく生じ難し」とあり、浄土仏教にあってはいかにもネガティブな意味合いを帯びていたためである。かくて華台のもとで一年間修学し、その後、聖達のもとに戻った一遍は、父である河野通広（如仏）が亡くなるまでの計十二年間修学していたのである。

おそらくは、同じ證空門下でも華台が浄土仏教全般を、聖達が西山義を得意としていたのであろう。また、聖達のもとには、後に西山派深草義の教学を大成する顕意道教（聖達の継子）がおり、共に学んだ時期がある。『法水分流記』には、円空立信を「聖達真弟」（年代的に無理があろう）とあり、顕意道教を「聖達継子」と記されている。聖達の思想内容は、著作や法語等が現存していないものの円空立信、顕意道教、そして、一遍の教学の形成に大きく影響を与えたと言えよう。

さて、いわゆる鎌倉仏教の祖師である浄土宗法然、浄土真宗親鸞、臨済宗栄西、曹洞宗道元、日蓮宗日蓮は、比叡山で修学しているが、一遍だけは比叡山で修学していない。ではな

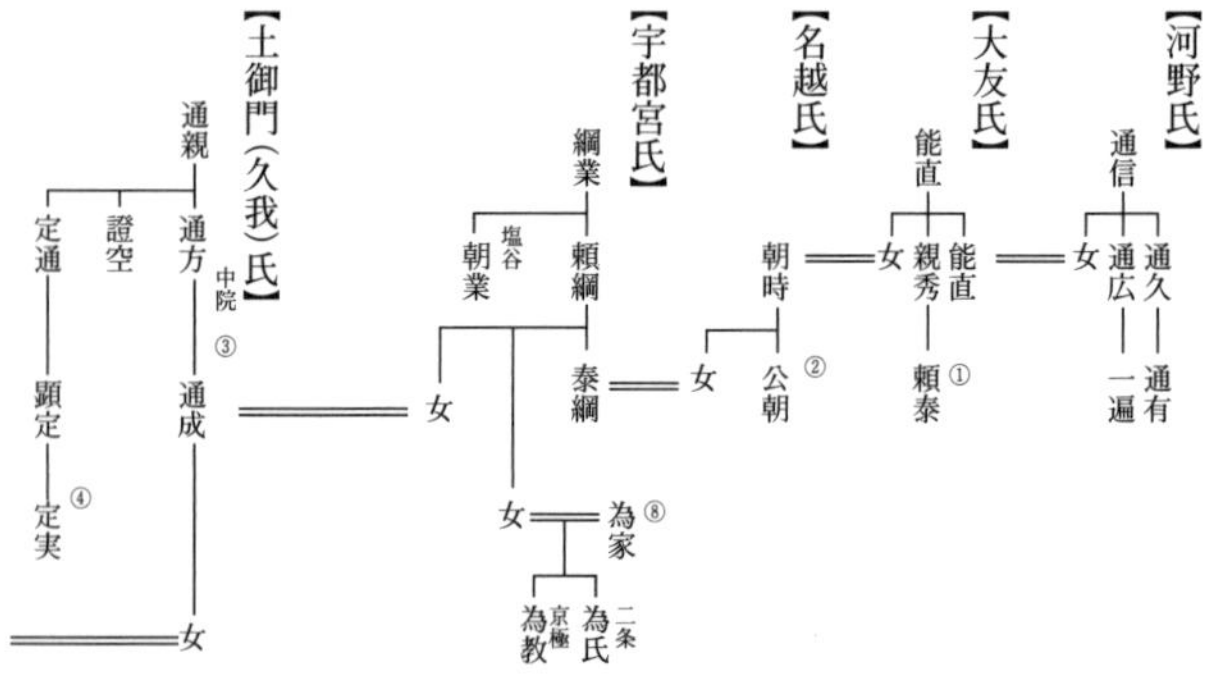

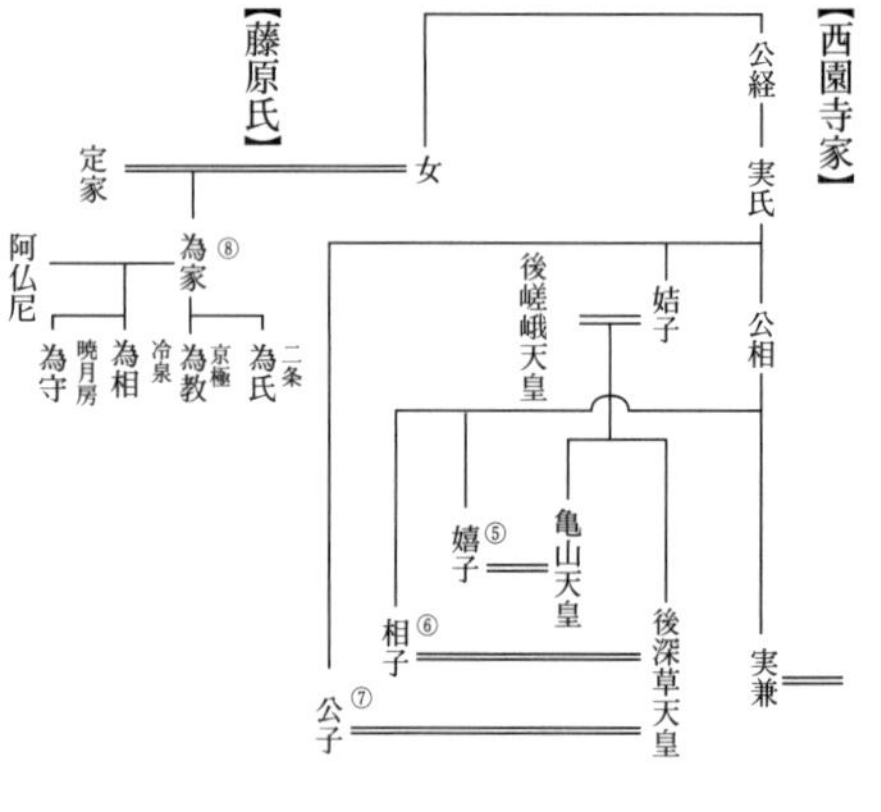

註
① 『聖絵』に登場。一遍と他阿真教は頼泰邸で対面している。
② 『聖絵』に登場する詫磨（現、神奈川県鎌倉市宅間ケ谷）の僧正のことでる。
③ 『聖絵』に登場する土御門前の内大臣に比定されている人物。
④ 『聖絵』「一人のすゝめ」に比定される人物のひとり。
⑤ 顕意道教と結縁した人物。
⑥ 『一遍上人語録』に登場する西園寺殿の御妹の准后を比定
⑦ 『他阿上人法語』に登場する後深草女院を比定
⑧⑨⑩ 『他阿上人法語』に登場。他阿真教と和歌を通じて親交していた。

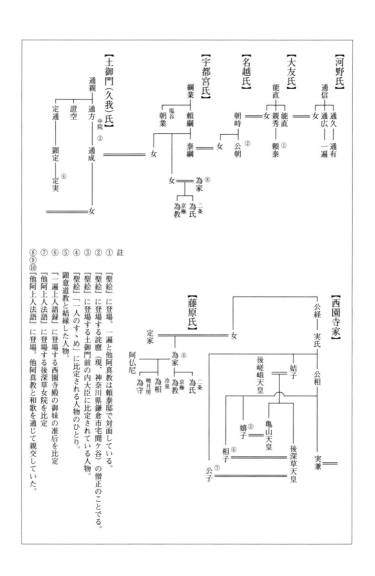

ぜ、一遍は比叡山で修学せず、太宰府にいた聖達に入門したのであろうか。この点については従来、一遍の父河野通広が京都の大番役で在住していたころ、聖達や華台とともに證空のもとで学んでいた関係からと考えられている。

ここで、一遍が太宰府に修学した時期の状況を整理しておきたい。一遍の誕生当時の伊予の守護は宇都宮氏である。この宇都宮氏からは、法然・證空の弟子となった宇都宮頼綱を輩出している。この宇都宮頼綱は伊予守護になっていく。宇都宮頼綱が證空に帰依していたこともあり、伊予に浄土宗西山派の人師が多く存在していたことが『源流章』『法水分流記』などからもうかがわれる。一遍の師である聖達は一時期伊予に滞在しており、河野氏とも関係性がうかがえる。おそらく、一遍の太宰府修学は、河野氏・宇都宮氏・浄土宗西山派との地縁・血縁関係が相互に強く影響していたのであろう。

ちなみに、宇都宮頼綱は、和歌にも通じ宇都宮歌壇を形成し、その関係から藤原定家とも血縁関係にある。また伊予には、西園寺氏の荘園も存在している。そのため、西山派を介した宇都宮氏・藤原氏（冷泉氏）、西園寺氏の人々が後に、和歌を通じた交流あるいは信徒として一遍や聖戒、真教とも関係してくることは必然的なことであったと言えよう。こうした出家以前における貴族階層との縁故は、一遍の伝記研究のうえで、今後一層不可欠の視点となるのではないだろうか。

家住期―まわせばまわる

一遍は、建長四年（一二五二）の春、聖達のもとに戻り計十二年もの間修学した。ところが、弘長三年（一二六三）五月二四日、一遍のもとに父河野通広（如仏）が逝去したとの訃報がもたらされた。そのため、一遍は、聖達のもとを辞し故郷伊予へ帰ることとなった。おそらく、父の遺領を相続したのではないだろうか。かくて帰郷した一遍は、妻帯した生活を送っていたのであろう。当時、僧侶の妻帯や、その実子が住職後継になることも珍しくない。実子の弟子を「真弟」と称しているが、『法水分流記』にはその例も数多く見られる。

そんなある日、子どもと輪鼓（独楽《こま》）を廻して遊んでいる最中に、輪鼓が地に落ちて止まった。そのことを見て「輪鼓も廻せばまわり、廻さなければまわらない。我々の輪廻も同じことである。このことで初めて心の底から生死の道理を思い知り、仏法の本旨を会得した」と語ったという。

なお、『縁起絵』では、建長年間（一二四九―一二五五）頃に一遍が親類から何らかの恨みをかい、命を狙われる出来事があったことを伝えている。ただ建長年間の一遍はまだ太宰府で聖達の下で修学していたときである。おそらくこの出来事は、父河野通広の訃報を聞き、伊予に帰ってからのことであろう。したがって、年代的には、弘長三年から文永十一年（一二六一―一二七四）頃の出来事であろうと考えられる。時代的にも大陸から元《げん》の使者が鎌倉幕府に来るなど、大陸から脅威にさらされた日本にあって、河野氏の再興を試みる一族にとっては、一遍を一族の軍勢に加えたかったのであろう。しかし、つとに幼少期に出家し学問に明け暮れていたため、武士として生きることを強いられるのは、一遍にとって苦痛以外の何ものでの無かったのであろう。

この元寇とは、日本の鎌倉時代中期に、当時大陸を支配していたモンゴル帝国（元）及びその服属政権となっていた高麗王国によって二度に渡り行われた対日本侵攻の呼称である（かかる侵略が企図された原因は、元が敵対関係にあった宋と交易をしていた日本を征服するためであったと言われている）。一度目を文永の役（一二七四）、二度目を弘安の役（一二八一）という。蒙古襲来とも呼称され、主に九州北部が戦場となっている。『聖絵』には、元寇について記されていないが、この輪鼓の話は、このような状況下において一遍自身の気持ちと一族としての立場の狭間で苦悩していた心理的な描写を企図していたのかも知れない。一遍は、葛藤から脱したのか、やがて師である聖達のもとを訪れている。気持ちに区切りを付けたかったのであろう。この時、『聖絵』の編者たる聖戒も随従し出家している。一遍は、このときの境地をひとつの和歌に託している。

彼（の）輪鼓の時、夢に見給へる□、
世をわたりそめて高ねのそらの雲たゆるはもとのこゝろなりけり

《世俗に交わる生活をはじめていたものの、輪鼓のできごとから高嶺の空にかかっていた迷いという雲がからっと晴れた。これこそが本来あるべき心であったのである》

（『宗典』下巻・三六六頁上）

林住期―白道を歩く

文永八年（一二七一）の春、一遍は信州善光寺へ参詣する。この善光寺の本尊は、インドの聖像であり、海を渡って日本の本尊となったという信仰があった。本願を成就して極楽から衆生を迎える来迎の形を示し、その姿はインドから東の端のこの国に現れ、縁ある人々の帰依によって、あらたに霊場を信州に定められたという旨を、『聖絵』は記している。

一遍が参詣したころ、すでに信州善光寺は浄土信仰の聖地となっていたのであろう。おそらく、伊予と信州を往来する念仏聖や、自らの修行の地を伊予から遠く善光寺へ移す念仏者が存在していたものと考えられる。この信州善光寺参詣の折、一遍は唐の善導大師の己証の法門（善導大師が独自で得た悟りや見解）を図化した。いわゆる二河白道の本尊を描いたのである。

同年の秋には、伊予の窪寺（現、松山市久谷町窪野付近を比定）というところに苔青く緑の蔦が生い茂る人里離れた静かな土地を切り開き、松の門に柴の扉という粗末な閑室を作り、東の壁にこの二尊の本尊を掛け、人と交わることなくひとりで仏に仕え、すべてを投げ捨ててもっぱら念仏三昧の日々を三年ほど送っている。まさに林住期である。

その時、悟られた内容を、七言《しちごん》の偈頌《げじゅ》を作って本尊の傍の壁垣に書いた。その偈頌を「十一不二頌」（十劫正覚衆生界　一念往生弥陀国　十一不二証無生　国界平等坐大会）という。一遍は、この「十一不二頌」の主旨について聖戒に対し、折にふれ説明していたのである。そして、この別行を満了した後は、世俗から離れただちに一切のものを捨て去り、我が身我が命を仏法のために捧げ、衆生を救おうと決心したのである。

その後、文永十年（一二七三）七月に一遍は、伊予国浮穴郡菅生の岩屋（現、愛媛県上浮穴郡久万高原町　岩屋寺）に参籠した。ここは、観音菩薩が出現したという霊地であり、仙人が修行したという古跡でもある。なお、この年の五月には、元からの使者が太宰府に到着している。

一遍は、この地（菅生の岩屋）に参籠して、世俗を捨てる覚悟ができるように祈っていた。霊夢をみることが度々あったという。このとき、聖戒がそばで給仕していた。一遍が仏に供える水を静かな谷川に汲みに行っているときには、聖戒が薪を探しに夕暮れの山に拾いに行き、修行の手伝いをしていたという。やがて、一遍は、聖戒に経典を証拠として浄土仏教の真実の教えの奥義を授け、不動明王を証人として同時に覚りを開こうと約束した。

岩屋を出てからの一遍は、所有していた家や田畑を捨てて、肉親と縁を切り、堂舎をすべて仏法のために寄進し、本尊と聖教を聖戒に譲ったという。おそらく、所有していた家屋や

『聖絵』第一巻第一段　一遍旅立ちの場面（部分）

田畑を一族に譲渡したのであろう。この肉親と縁を切るというのも、一遍の決意の現れであろう。そして、わずかな経典を選び修行のために整えた一遍は、いよいよ、遊行へと出発したのである。

遊行の旅へ

一遍は、文永十一年（一二七四）二月八日に、超一・超二・念仏房と聖戒を伴って遊行の旅に出発した。これが一遍の以後十六年にわたる遊行の旅への出発となる。一遍と同行した超一・超二・念仏房については、妻・側室、子供（女）、下男などとする説や小説の題材にまでなっているが、『聖絵』には「此三人と発《おこ》す因縁奇特有りと雖も繁を恐れこれを略す」（原漢文　『宗典』下巻・三六八頁上）とあるだけで、敢えてその関係を記していない。

数日ののち、聖戒は、師との随行を終えて桜井

（現、愛媛県今治市桜井）で一遍らへ別れを告げた。一遍は聖戒との再会を臨終の時と定め、聖戒に六字の名号を書き与え、しかも十念を授けるなどした。この文永十一年十月は、元寇による文永の役の年である。おそらく、一遍は、河野氏再興に盛り上がる地を敢えて離れたのであろう。

では何故、一遍はこれ以降、日本国中を遊行することを可能にし、集団化しても制限をも受けることなく自由に遊行できたのであろうか。やはり河野氏を中心とした血縁関係や西山派を介して宇都宮氏・西園寺氏などの関係からであろう。

賦算

一遍ら一行の最初の大きな遊行地は、四天王寺（現、大阪市天王寺区）であった。この寺は、聖徳太子建立の寺とされ、また、四天王寺の西門は、真西に向いているため、ここを西方極楽世界の東門と見る信仰があった。この四天王寺では、平安末期から「めんない」という浄土参りが行われていた。この「めんない」は、真西に向いており、春秋の彼岸には太陽が西に沈む（中世は四天王寺のすぐそばが海であった）のを念ずる日想観（『観無量寿経』に説かれる浄土往生のための観法のひとつ）という儀礼から派生したものと考えられている。この「めんない」を行う人々は、目隠しをして西門から歩き始め、うまく鳥居をくぐれたら極楽に往生できることになるという占い遊びをしていた。この様子が『聖絵』第二第三段にも描かれている。また、この地は熊野詣の出発の地でもある。
この四天王寺で一遍は、あらためて十種の制文をおさめて「如来の禁戒」を受けたという。おそらく、『梵網経《ぼんもうきょう》』に説く十重禁戒《じゅうじゅうきんかい》（大乗戒に定める十種の重大な戒をいう）を指すものと考えられる。その戒を一遍は自誓受戒の作法、つまり、大乗の菩薩戒を受ける際、戒師がいないときに仏前で自ら誓って大乗の菩薩戒を受けるという形式によって受けたのである。

かるがゆへに、このみぎりにして信心まことをいたし、発願かたくむすびて十重の制文をおさめて、如来の禁戒をうけ、一遍の念仏をすゝめて衆生を済度しはじめたまひけり。

（『宗典』下巻・三六八頁上）

さらにこの地で一遍は、賦算《ふさん》を開始した。この賦算とは、算（札）を賦《くば》るという意である。一遍は、諸人に念仏を称えることを勧め、称えれば同行の証として「南無阿弥陀佛」と書かれた札を渡している。これは、一遍が念仏勧進のために用いた方法である。

又、六字名号の印板をとゞめて五濁常没の本尊とし給へり。これによりて彼（の）三地薩埵の垂迹の地をとぶらひ、九品浄土同生の縁をむすばむために、はるかにわけいりた

まひけるにこそ。（『宗典』下巻・三六八頁下）

この賦算の原型については、中世に高野山において弘法大師自作と言われる六字名号（南無阿弥陀仏）の版木があって、本尊として崇拝されており、高野聖がその本尊をそのまま刷って念仏札として各地へ配っていたことから、一遍もそれにならったのではないだろうか、と考えられている。

熊野成道

伊予を出発した一遍ら一行は、『聖絵』の絵からすると四天王寺で初めて賦算つまりお札配りを行った。その後、文永十一年（一二七四）四天王寺から高野山へ、そして、熊野をめざす。中世日本においてこの熊野という土地は山中と海上の霊場であり、死者の魂が各地から集まる場所とされていた。熊野にいけば死者に逢える、という、さながらの後世の恐山信仰を思わせる信仰まで、かつては存在したようである。また、仏が神の姿をして現れたとする神仏習合という観点から見ていくと、熊野本宮証誠殿の本地は阿弥陀仏である。つまり、熊野そのものが西方浄土の地として考えられていたのである。さらに、原始的な山岳宗教と密教的信仰の結びつきによって生じた修験道も鎌倉期に至り、同地でその勢力を延ばしている。

さて、一遍は、高野山から山道を南下する小辺路《こへち》ではなく、海沿いの紀伊路から中辺路《なかへち》を歩行している。これは同行者に超一、超二の女性がいたからであろう。そして、その熊野に向かう山道で或ひとりの僧侶とその一行に出会う。一遍は、念仏札をいつものようにその僧に渡そうとした。しかし、その僧は、信心がおきないのに受け取るわけに行かないと拒否したのである。その押し問答が繰り返されているうち、ついに、一遍は、無理矢理渡してしまったのである。おそらく、一遍自身、初めは自信をもって念仏を弘めながら、念仏札を渡していたと思うが、次第に、自分のやり方に疑問を持ち始め、この出来事で初めて挫折を味わったわけである。その原文は以下のとおり。

文永十一年のなつ、高野山を過（ぎ）て熊野へ参詣し給ふ。山海千重の雲路をしのぎて、岩田河のながれに衣の袖をすゝぎ、王子数所の礼拝をいたして、発心門のみぎわに　こゝろのとざしをひらき給（ふ）。藤代岩代の叢祠には垂迹の露　たまをみがき、本宮新宮の社壇には和光の月かゞみをかけたり。（中略）こゝに一人の僧あり。聖すゝめての給はく「一念の信をおこして南無阿弥陀仏ととなへて、このふだをうけ給（ふ）べし」と。僧（の）云（く）「いま一念の信心おこり侍らず、うけば妄語なるべし」とてうけず。ひじりの給はく、「仏教を信ずる心おはしまさずやなどかうけ給はざるべき」。僧（の）云（く）「経教をうたがはずといえども、信心のおこらざる事はちからをよばざる事なり」と。時にそこばくの道者あつまれり。此（の）僧、もしうけずばみなうくまじきにて侍りければ、本意にあらずながら「信心おこらずともうけ給へ」とて、僧に札をわたし給（ひ）けり。これをみて道者みなことぐくうけ侍りぬ。僧はゆくかたをしらず。

（『宗典』下巻・三六八頁下―三六九頁上）

一遍は、熊野本宮証誠殿に参籠し、自分の疑問について訴えかけるわけである。目を閉じ夢か幻かといった状態のときに、三百人の山伏が地に頭をつけてひれ伏し、その中、権現である白髪の山伏が一遍に近づいてきて次の様に述べたのである。「融通念仏を勧める聖（一遍）よ、どうして誤って念仏を勧めているのか。あなたの勧めによってはじめて往生するのではない。阿弥陀仏が十劫というはるか昔に覚りを開いたとき、すでに一切衆生の往生は南無阿弥陀仏と定まっているのである。信じる信じない、清らかであるか、そうでないかは問題ではなく、その念仏札を配るがよい」と啓示を受けたのである。その原文は以下のとおり。

この事思惟するに、ゆへなきにあらず。勧進のおもむき、冥慮をあふぐべしと思（ひ）給（ひ）て、本宮証誠殿の御前にして願意を祈請し、目をとぢていまだまどろまざるに、御殿の御戸をおしひらきて、白髪なる山臥の長頭巾《ながときん》かけて出（で）給ふ。長床には山臥三百人ばかり首を地につけて礼敬したてまつる。この時、権現にておはしましけるよと思（ひ）給（ひ）て、信仰しいりておはしけるに、かの山臥、聖のまへにあゆみより給（ひ）ての給はく、融通念仏すゝむる聖、いかに念仏をばあしくすゝめらるゝぞ。御房のすゝめによりて一切衆生はじめて往生すべきにあらず。阿弥陀仏の十劫正覚に、一切衆生の往生は南無阿弥陀仏と決定するところ也。信不信をえらばず、浄不浄をきらはず、その札をくばるべし　としめし給ふ。

（『宗典』下巻・三六九頁上）

この時代は神仏習合の時代であり、熊野本宮証誠殿の本地は阿弥陀仏である。この神仏習合とは、神のための寺である神宮寺の創建や神へ捧げるための神前読経を行うにあたって、その理論的なものが「神身離脱《しんじんりだつ》」（神が苦悩を感じ、その身を離れて仏教に帰依することを願う）「護法善神《ごほうぜんじん》」（神が仏教を保護する存在である）などである。また、神仏習合の理論上の到着点が本地垂迹説といわれている。

この熊野権現からの神託により一遍は、思想的に修学した西山義と実践する融通念仏との接点を見いだし、その六字名号に対する絶対的な信心を確立したのである。それ以後、一遍は迷いもなくなり、ひたすら、念仏を人々に勧め積極的に念仏札を配っている。当時は紙もまだあまり普及していなかったのであろうし、札を作るのにもいろいろな苦労が在ったと思う。

ちなみに、このとき一遍は「融通念仏すゝむる聖」と呼ばれている。この「融通」の発音については、中世に来日していたイエズス会宣教師が布教のために、その地方の方言を採用することを原則として整備し、一六〇三年ヨーロッパに向けて出版された『日葡辞書』が参考になる。この辞書によると「融通」は「ゆづう」(Yuzzu)と発音されていたようである。融通とは、異なるものがとけあって邪魔しないこと。互いがとけあって一体となることであり、融通念仏とは、自他が称える念仏がとけあうと説くことなのである。

さて、一遍は、熊野で得た境地を二つの偈頌に表わしている。それが「六十万人頌」(六字名号一遍法　十界依正一遍体　万行離念一遍証　人中上々妙好華)、そして「六字無生頌」(六字之中　本無生死　一声之間　即証無生)である。この六十万人頌及び六字無生頌を作成した後、自らの名をそれまでの智真から一遍へと改めたと言い、それまで配っていた念仏札には「南無阿弥陀佛」の下に「決定往生　六十万人」の二行割の文言を追加したのではないかと言われている。この六十万人とは、一遍が目指した数であるとされ、また、一切衆生を指してもいる。

一遍が生涯に配った賦算札の数を『聖絵』巻十二では、「二十五億一千七百二十四人」としている(『宗典』下巻・三九二頁上)。この単位として使用されている「億」とは数の多いこと、無限に多いことといった意味があり、当時の史料などから用例を導き出し、十万として数えられていたことも指摘されている。つまり、用例によれば「二十五億」は「二百五十

『聖絵』第三巻第一段　熊野権現より神託を授かる場面（部分）

万人」ということになる。推定では鎌倉時代の総人口が五百―一千万人と言われている。したがって、一遍とその一行からこの札を授与された人々の数は、こんにちの人口に換算しても相当な比率を示していた、といえよう。

　ところで、一遍の後継者となった他阿弥陀仏真教（以下、他阿真教　一二三七―一三一九）は、一遍の「六十万人頌」を解釈するに際し、

> 勧進のふだに決定往生六十万人とみえさふらふは、六は六字の名号、十は十界の依正、万は万善万行、人は人中の分陀利華なり。是は三心発得の念仏行者の名なり。これすなはち名号所具の機法のいはれをあらはす。かならずしも数にてはあらずさふらふ。又六十万人は一切衆生の名なり。

（「人見の音阿弥陀仏へつかはさる御返

事」、『三祖他阿上人法語』巻四、『宗典』上巻・一八二頁下）

と「決定往生六十万人」の意を解釈している。さらに、数を表現するだけでなく、一切衆生（生ける全てのもの）を表現するとしている。また、遊行四代他阿呑海は、

　　而していにしへも自宗の師多といへとも正く念仏三昧を融通する事は此の勧進にすきたるはなし。故に利益西方にみちて六十万人の算及《ニブ》数遍《ニ》者也。

（「呑海上人御法語」、『宗典』上巻・二六七頁上）

とあることから、賦算が数回繰り返されたことがうかがえる。

遊行期―永遠の旅路

一遍は、本宮から新宮へ参詣し、そこから聖戒に手紙を送っている。そこには、伊予を出発し、一緒に旅をしてきた三人の同行者（超一、超二、念仏房）ともここで別れたことが記されており、さらに、この「決定往生　六十万人」の文言が追加された形木が添えられていたという。原文では以下のとおり。

今はおもふやうありて同行等をもはなちすてつ。又念仏の形木くだしつかはす。結縁あるべきよしなどこまかにかき給へり。

（『宗典』下巻・三六九頁下）

一遍が三人の同行者と別れた背景には何があったのであろうか。『聖絵』には、熊野に向かう山道の場面に同行の三人が描かれているが、本宮や新宮の場面には描かれていない。これは、何を意味しているのであろうか。今のところはただ、一遍伝の中でも今後の考察が待望される疑問点であるとだけ言っておきたい。

熊野を出で給（ひ）て、京をめぐり西海道をへて、建治元年の秋のころ、本国にかえりいり給（ふ）。釈尊なを報身の恩を報ぜんために王城に住し、生身の恩を報ぜむためにおほく舎衛に住し給（ふ）といへり。しかあれば、われまづ有縁の衆生を度せんためにに、いそぎ此の国にきたるよしかたり給（ひ）き。

（『宗典』下巻・三六九頁下―三七〇頁上）

熊野を出て京都を廻り、一遍は、西海道（従来は九州とされてきたが、近年瀬戸内とする説がある）を通って建治元年（一二七五）秋の頃、本国である伊予へ帰郷した。それは「釈尊もやはり報身の恩（覚りを開かせていただいた恩）にむくいるためにマガダ国の都王舎城に住し、生身《しょうじん》の恩（人間に生んでいただいた父母の恩）にむくいるために、多くの期間、コーサラ国の都舎衛城に住されたと言っている。それ故に私もまず縁故の深い人びとを救うために、急いでこの国に来た」と語ったという。一遍の釈尊への傾倒ぶりが改めて認識される叙述である。

一遍は、伊予から太宰府へと行き、師である聖達に再会した。このとき、風呂の中で談義している。一遍が聖達に十一不二の論理を説明すると、聖達は感歎して、「さらば我は百遍うけむ」（『宗典』下巻・三七〇頁上）といい、百遍受けたという。弟子の成長ぶりを喜ぶ師の姿がうかがえる。

その後、建治二年（一二七六）、遊行の旅の途上、筑前国（現、福岡県）で、ある武士の館を訪れたところ、彼らは時あたかも宴席の最中であったが、その家の主人が身支度を調えて手を洗い口をすすいで、庭に下りて聖に向かって念仏を受けて、そのまま黙っているので聖は出て行ったが、この俗人が言うには、「この僧は日本一のまやかし坊主である。なんとも偉そうな態度をしている」といったので、客のひとりが、「なぜ念仏を受けたのか」と聞くと、主人は「念仏にはまやかしがないからだ」といった。

一遍が後に「多くの人に会ったが、これほど本当に念仏を信じている人はいない。他の人はみな人を信じて仏法を信じることがない。この人は、「法を依りどころとし、人を依りどころとしない」という『涅槃経《ねはんぎょう》』の「法四依《しえ》」を知っており、釈尊が最後に弟子たちを誡《いまし》めたことに適っている。尊いことである」と度々誉めていたという。本当に普通の人とは違った人であったのであろう。

さて、この「釈尊が最後に弟子たちを誡めたことに適っている」とはどういったことであろうか。この点、一遍が日ごろ亀鑑《きかん》と仰いでいたであろう釈尊の事蹟に目を転じてみたい。

アーナンダよ。今でも、またわたしの死後にでも、誰でも自らを島とし、自らをたよりとし、他人をたよりとせず、法を島とし、法をよりどころとし、他のものをよりどころとしないでいる人々がいるならば、かれらはわが修行僧として最高の境地にあるであろう。

(中村元訳『ブッダ最後の旅』岩波文庫　六六頁)

アーナンダよ。あるいは後にお前たちはこのように思うかもしれない、「教えを説かれた師はましまさぬ、もはやわれらの師はおられないのだ」と。しかしそのように見なしてはならない。お前たちのために私が説いた教えとわたしが制した戒律とが、わたしの死後にお前たちの師となるのである。

(同右　一六五頁)

実は、この時の一遍の姿を当初『聖絵』では、腰巻姿で描かれていた。後世の人が上から色を足しているため、ちょっと見ただけではわからないが、平成の大修理の際、裏彩色からそのことが確認されている。このことは、一遍の九州遊行中、困難を極め、満足に布施を受けることさえ叶わず、出会った僧からようやくにして破れた七条袈裟の布施を受け、腰に巻いていたことが『聖絵』の叙述（『宗典』下巻・三七〇頁下）と合致している。

こうして念仏勧進を続ける一遍は、当時の日本にあって最南端の地である大隅国正八幡宮（現、鹿児島県霧島市　鹿児島神宮）に参詣した際、神のお示しになった歌（ただし、一遍が歌に自己の心情を神に仮託したものであろう）に、

とことはに南無阿弥陀仏ととなふれば　なもあみだぶにむまれこそすれ

《いつまでも変わらず南無阿弥陀仏をお称えすれば、そのままあなたもきっと南無阿弥陀仏になり切って浄土へ往生するのである》

（『宗典』下巻・三七〇頁下）

このことは、伝統宗学において、いわゆる「一気十念口決」の根拠とされている。ただその思想的な内容や、成立の経緯については今後一層精査する必要があろう。

その後、九州一円を遊行し、四国へ渡ろうとした時、豊後守護大友兵庫頭頼泰の帰依を受け、衣などを寄付された。この大友頼泰は後に戦国大名となる大友氏の祖である。そもそも大友氏は相模国の出身であったが、豊後守護にその祖父・大友頼直が就いていた。ただ、頼直は実際には赴任せず、守護代を派遣していたにすぎない。元寇の脅威により、鎌倉幕府は

守護を現地に赴任させるようにした結果、大友氏の人々は頼泰の代からは現地に赴任している。そして、大友氏と河野氏はさして広からぬ豊後水道を挟んで縁戚関係にある。また、この時、後に時宗教団の事実上の創設者ともいうべき二祖他阿真教が一遍と法談し、入門することとなった。なお、『聖絵』第四では「同行相親の契」と称しており（『宗典』下巻・三七一頁上）、『縁起絵』第一が「随逐」として完全な師弟関係と描くのとはやや異なる（『宗典』下巻・四〇二頁下）。ともあれ、その際同時に七、八人が出家し、以後の行動を共にしている。

ちなみに、『聖絵』では一遍と他阿真教との法談を建治二年とするが、『縁起絵』では、建治二年夏を熊野権現から神託を受けたとし、建治三年に他阿真教が随逐したとしている。

吉備津宮の出来事

伊予から厳島を経て、弘安元年（一二七八）の冬、一遍は備前藤井（現、岡山市藤井）を遊行していた。この地の政所《まんどころ》（地頭の執務所）へ赴き、そこで念仏勧進した。その際、主人である吉備津宮神主の子息は留守であったが、その妻が一遍の法門を聴聞した上で発心し出家したのである。帰宅した夫である吉備津宮神主の子息は尼となった妻の姿に驚き、逆上して一遍を殺害すべく追いかけた。かくて追い着いた場所が備前福岡の市（現、岡山県長船町福岡）である。そのとき、一遍はなんら動ずる様子もなく、「汝は吉備津宮の神主の子息か」

と尋ねたのである（『宗典』下巻・三七一頁上）。その瞬間に、吉備津宮神主の子息は身の毛もよだつほどに一遍が尊く思われ、その場で一遍を戒師として出家したのである。そのとき、出家した総数が二百八十余人に及んだという。一遍のカリスマ性が改めて強く認識される出来事である。

このように一遍のもとには帰依する人々が集まり、同行する者、現地にとどまる者が存在していく。これが次第に「時衆」を形成していくのである。

さて、一遍が赴いた「藤井の政所」については、従来、上道郡古都村大字藤井（現、岡山市東区藤井）とする説と、邑久郡大宮村大字藤井（現、岡山市東区西大寺一宮藤井）とする計二説がある。後者には安仁神社があり、式内社備前国一宮がある。現在の学界の知見では、おそらく、藤井の政所の家主が吉備津宮であり、「神主の子」とは、より具体的には吉備津神社の社家・藤井氏であったものと推定されている。

3　踊り念仏

弘安二年（一二七九）八月、京・因幡堂を出て信州善光寺へ向かった。道中の日数は自然に四八日（四八は阿弥陀仏の本願の数）である。

そして、信濃国佐久郡伴野（現、佐久市伴野）の市庭の在家での歳末別時念仏の時、紫雲が初めて立った。この紫雲とは奇瑞とされていた。その際一遍は次のようなことに思いを致している。

抑〻《そもそも》、をどり念仏は、空也上人、或は市屋、或は四条の辻にて始行し給（ひ）けり。

《そもそも踊り念仏は、空也上人が或いは京都の市屋、或いは四条の辻でお始めになった》

（『宗典』下巻・三七一頁下）

この空也とは、平安時代中期の僧。時宗鉢叩念仏弘通派・空也僧の祖と仰がれ、阿弥陀聖、市聖、市上人と称され、民間における浄土教の先駆者と評価され、踊り念仏、六斎念仏の開祖とされている。史料としては『空也誄《るい》』、慶滋保胤『日本往生極楽記』があり、近年の研究では、空也は「くうや」と読むべきだという論が強まっている。出自については、皇室の出身（一説には醍醐天皇の落胤）とされるが、その真偽は不明である。『尊卑分脈』によれば、仁明天皇の子・常康親王の子とされている。東山西光寺（現、京都市東山区、六波羅蜜寺）において示寂。六波羅蜜寺の空也像はその造形ゆえに特に有名であるが、時宗寺院にも実は多くの空也像が所蔵されている。一遍の遊行先は、空也の足跡を追っていたのではないだろうか、と思われる個所もある。

ところで、踊り念仏とは、一般に踊り手自身が鉦を打鳴し、念仏や和讃を称えながら、所作を行う法要儀式をいう。ここで一遍らの踊り念仏の具体相を『聖絵』本文のうえに跡付けてみよう。この佐久での踊り念仏の場面は、道俗一体であったが、その後、他の地における踊り念仏の場面では僧尼のみとなり、専用の「踊り屋」と呼ばれる建築物が設けられた。そこでは時計回りになって鉦を打ちながら踊っている様子がわかる。

同国小田切の里、或武士の屋形にて、聖をどりはじめ給（ひ）けるに、道俗おほくあつまりて結縁あまねかりければ、次第に相続して一期《いちご》の行儀と成れり。

《信濃国小田切の里（現、佐久市臼田町）、ある武士の館で聖が踊りはじめると。僧も俗人も多く集まり、みんなで一緒に踊り念仏で結縁も多くなり、次第に相続して一遍一代の行儀となっていった》

（『宗典』下巻・三七二頁上）

本来、踊り念仏とは、念仏信仰といった信仰的側面が基本となっており、飢饉疫病に苦しむ人々を救済することや、念仏を理解しやすく伝播することを目的とされた宗教儀礼であった。それが念仏の流布や時代と共に一層民衆の間へ浸透し、空也、一遍、一向ら念仏の遊行聖らの遊行回国により宗教的発展に拍車をかけながらも、十三世紀末頃にはしだいに俗化し、芸能・娯楽的側面が前面に押し出されるようになった。つまり、静的な融通念仏から潔斎や動的な要素をも含んだ六斎念仏などへ発展し、高野聖、遊行聖、空也僧などの活躍により、全国各地に流布し、それぞれの地にあって、念仏踊りや盆踊りなどの淵源となったのである。

さて、弘安二年（一二七九）の冬、信州佐久郡（現、長野県佐久市）の大井太郎（地頭大井光長に比定）という武士が一遍に会い、信心を起こして極楽往生を願ったという。この大井太郎の館で、三日三夜供養をして念仏に勤しむこととなった。その法要が終わって一遍は帰って行ったが、その際、数百人が踊ったため、板敷を踏み落としてしまうほどであった。そこを修理しようと人が申し上げたが、「これをこそ一遍聖の記念としよう、修理しなくても良い」と言いそのままにしたという（『宗典』下巻・三七三頁上）。人々の一遍への帰依の深さを物語っている。

一遍の遊行による北限は、奥州江刺郡（現、岩手県北上市）である。到着後、一遍は、祖父河野通信の墳墓を訪ねたが、そこで感じたことは、「人には永遠の命が無く、家も永遠に存在するということはないものだ。ただ、はこやなぎに吹く秋風に、昔の火葬の煙のなごりを思い、墳墓に降る夕暮れの雨に亡き人を偲ぶ涙をこぼすばかりだ」と。そこで茂る茨を切り払い追孝報恩の勤行をし、墓をめぐって経を読み念仏を行ったのである。その結果、一遍は亡き祖父に対し、以下に見るようなすぐれて浄化された感慨をいだくに至った。『聖絵』の原文を見よう。

まことに一子出家すれば、七世の恩所、得脱することはりなれば、亡魂さだめて懐土望《えどもう》郷《ごう》のむかしの夢をあらためて、華池宝閣《けちほうかく》の常楽にうつり給（ひ）ぬらむと、ことにたのもしくこそおぼえ侍れ。

《まことに一子出家すれば七世の肉親が地獄の苦を免れるという道理であるから、河野通信の魂もきっと配流先にあって故郷や肉親を思いこがれた昔の迷いの夢を捨てて、蓮の花咲く池の周りに、宝閣が連なる極楽世界にお生まれになったことであろうと、ことに頼もしく思われる》

（『宗典』下巻・三七三頁下）

さらに一遍は、心境を歌にし、

聖（の）歌（に）云（く）、

はかなしな　しばしかばねの　くちぬほど
野原のつちは　よそに見えけり

《はかないことだ。誰でも屍が朽ちればついに野原の土となる身であるのに、その屍が朽ちないうちは、野原の土も自分とは関係がないのである》

世（の）中を　すつる我が身も　ゆめなれば
たれをかすてぬ　人とみるべき

《俗世間を捨ててしまった私自身さえ、まだ夢の中である。それなのに妄執を捨て切れない人だと誰を非難できよう》

身をすつる　すつる心を　すてつれば
おもひなき世に　すみぞめの袖
《身を捨てるという、その捨てる心さえ捨ててしまえば、もはやこの世に何も思いわずらうことなく、心の澄んだ墨染姿の自分である》（同右）

このように、一遍が信州や奥州に遊行した理由の一つには、生家たる河野氏ゆかりの地であることがあげられる。信州との縁を見れば、承久の乱で敗戦した一遍の伯父である河野通政は、葉広で斬首、叔父の河野通末は伴野へ配流されている。一遍が伴野を訪れたのは必然といえよう。そのため、一遍の遊行は、一族の慰霊のためでもあることがうかがえる。つまり、一遍は身心ともに決して河野一族を捨てたわけではないのである。この点もまた、生家の人々が仏法によって救われることを終始念じていた釈尊の姿勢に相通ずるものがあろう。そして、一遍の遊行先には、浄土仏教の聖地と呼ばれる場所がたくさんあり、高野聖や善光寺聖との関連性がうかがえる。おそらく、先導役の聖が存在したのであろう。

その後、一遍は、松島や平泉の方面に念仏を勧めてまわり、常陸国（現、茨城県）へ南下した。すると同地にはいわゆる「悪党」がいて、時衆の尼を誘拐しようとしたが、夢の中に、「またふり」（先が二つになった杖）を手にした僧が現れ、「念仏の行者に対して妨げをするなど思いもよらないことだ」といって、その杖で衝くと見て夢が覚めた。「悪党」はたちまち中風となり、身動きもできなくなってしまったが、その父親が、このことを嘆いて一遍のもとへ参り、一切を懺悔して、「お助けください」と申し上げると、聖は「私の知らないことである。ほっておけばよい」とおっしゃった。そこで重ねてお願い申し上げるので、「それでは行ってみよう」といっておいでになると、たちまち「悪党」の中風は治ってしまった。この「時衆の尼」という用例こそが『聖絵』における「時衆」の初見である（『宗典』下巻・三七三頁下）。

武蔵国石浜（現、東京都台東区浅草石浜町付近）で時衆四、五人が病に倒れた。諸般の事情からやむなく彼らを当地へ残していった。病んだ仲間を当地に残すということは、いかに一遍の遊行が過酷かを物語っていよう。

弘安五年（一二八二）の春、鎌倉に入ろうとして、ながさご（現、横浜市港南区上永谷長作、藤沢市長後を比定）というところに三日にわたり滞在した。一遍が目指した当時の鎌倉は、治承四年（一一八〇）十月に源頼朝によって新たに開かれた、武家政治の中心地であり、その文化的な繁栄は首都たる京都に比しても遜色を見なかった。鎌倉は源氏ゆかりの地であり、東・西・北の三方を山で囲まれ、南は海に面する自然の要害であった。そして、中央と房総半島とを結ぶ交通の要衝でもある。

一遍は、「鎌倉入りの作法で、この念仏勧進が存続するかどうかを定めよう。ここで念仏勧進の道が絶えるのならば、これを最後と思わなければならない」と時衆に示して、三月一日、小袋坂（現、鎌倉市小袋谷付近）から鎌倉市街地へ向かったところ、「今日は太守（執権北条時宗）が山内《やまのうち》へお入りになることになっている。この道からでは具合が悪い」という人があったが、一遍は、「自分に考えがある」と、強いて市街地入りを図った。しかしやはり、警護の武士らに拒まれ鎌倉入りを果たせなかった（『宗典』下巻・三七四頁上）。

三月二日、一遍は、片瀬の館の御堂というところで断食して別時念仏をしていると、願行上人（法然門下・隆寛の弟子）弟子の上総の生《しょう》阿弥陀仏が来て十念をいただいた。同月六日の朝に至り、往生院へ一遍を招き、一日一夜仕えたところ、また人々からの迎えがあって、七日の日中に片瀬の浜の地蔵堂（現、藤沢市片瀬下町小字地蔵面を比定）に移って、数日を送った。この間、さまざまな階層の人々が雨の如くに参詣し、道俗双方の人々が雲のように集まった。『聖絵』では「踊り屋」と呼ばれる施設がにわかに設置され、そのうえで一遍たち時衆が時計回りになり、踊っている場面が描かれている。踊り念仏の場面をみると街道沿いに位置し、食を乞う人々や牛車、あるいは武士の姿が描かれ、社会階層を超えた人々が集う場となっている。具体的には墓地などが共通した絵柄として描き込まれている。おそらく、この共通した絵柄こそは、踊り念仏に慰霊という要素が過分に含まれている証左であり、慰霊のゆえに誰でもが進入できる「無縁」（特定の対象を持たない）地だということがいえる。

さて、その道場において三月末に、紫の雲が立ち空から花が降り始めた。その後、たびたびその様なことが起こった。ある人が不思議に思って尋ねると、一遍は「花のことは花に聞け。紫雲のことは紫雲に聞け。一遍は知らない」といった（『宗典』下巻・三七五頁上）。この後、一遍が遊行する先々で紫雲や龍が出現するという奇瑞があった。

4　踊り念仏への批判

この踊り念仏は、当時の人々を魅了し、念仏信仰へと導いたと考えられるが、既成仏教教団からは批判の対象となっていた。『天狗《てんぐ》草紙《ぞうし》』などにも記されているが、『聖絵』第四では、以下のように伝えられている。

江州守山のほとり、琰魔堂といふ所におはしける時、延暦寺東塔桜本の兵部竪者《りゅうしゃ》重豪と申（す）人、聖の体（を）見むとて、参（り）たりけるが、おどりて念仏申さるゝ事けしからずと、申（し）ければ、聖

はねばはねよ　をどらばをどれ　はるこまの　のりのみちをば　しる人ぞしる

重豪、

心ごま　のりしづめたる　ものならば　さのみはかくや　をどりはぬべき
聖又返事
ともはねよ　かくてもをどれ　こゝろごま　みだのみのりと　きくぞうれしき

（『宗典』下巻・三七二頁上）

以上の文面の要旨は、一遍が江州守山のほとり閻魔堂（現、滋賀県守山市焔魔堂町、浄土宗十王寺を比定）という所に滞在した際、比叡山延暦寺東塔（「東塔」は比叡山内の区域名）の桜本の兵部竪者重豪という人が、一遍の様子を見ようとして参ったが、「踊りながら念仏を申すことはけしからん」と申し上げると、一遍は歌で、

「はねたければはねるがよい。踊りたければ踊るがよかろう。春駒に乗って踊り跳ねるように。まことの仏法の道は心ある人にはわかるのである」

とする趣旨を語った。これに対し、重豪も次のように返歌した。

「我執を抑え込んで心のさとりを開かれた人なら、なにもそんなに踊りはねなくてもよかろうに」

すると、それに対して一遍はさらに返歌し、

「ともかくも理屈は抜きにして、踊躍歓喜の心駒は跳ねるがよい、踊るがよい。こんな凡夫をお救い下さる弥陀のみ教えを聞くだけで嬉しくてじっとしていられないことだ」

と述べたのである。まさに当意即妙の教化というべきであろう。

さて、再び筆を弘安五年（一二八二）へ戻そう。同年七月十六日、一遍は、片瀬を発って西へと遊行している。やがて伊豆三島（現、静岡県三島市）に着いた日、日中から日没まで紫の雲が立っていたという。ちょうどそのとき、時衆七、八人が一度に往生を遂げた。三島神社の神官がこの死穢《しえ》を忌むことなく、聖と結縁申し上げたが、少しの祟りもなかった。この事に関して『聖絵』第六では、「まことに大通智勝仏の昔から、その仏が威光を和らげて三島の神となってこの国に現れ、衆生を済度される今日まで、本地垂迹の本懐をさぐってみると、それはひとえに衆生に苦海を抜け出すことを勧めるためであるから、仏道を修行する人はきっと神の威光を仰ぎ奉らなければならないのではないか」と本地垂迹の立場から解釈を加えている（『宗典』下巻・三七六頁下）。この三島神社（現、静岡県三島市、三嶋大社）は河野氏が氏神として尊崇している大山祇命《おおやまつみのみこと》を祭神としている。

そして、武蔵国（現、東京都、埼玉県など）に「あぢ（じ）さか入道」という武士がいて、出家して時衆に入門したいと申したが、許しを得られなかった。それでも、一遍から往生の心構えをよくよく承ってのち、「蒲原宿（現、静岡県静岡市清水区）で聖《ひじり》をお待ち申し上げよう」と言って出かけた。ところが、富士川の岸に立ち寄るやいなや、馬の口につけていた縄を解いて腰につけ、「お前たち、『ついに引接（したまひて）』の和讃を唱えよ」と家来に命じたので「これはどうしたことか」と尋ねたところ、「『南無阿弥陀仏と申して死ねば仏はお迎え下さるのだ』と一遍聖がおっしゃっていたので、極楽に早く参る。名残を惜しんではならない」と答え、かくて十念を唱えて水に入ってしまった。ところが、そのとたん紫の雲がたなびき、音楽が西の方に聞こえた。しばらくして縄を引き上げたところ、合掌の手が少しも乱れず、尊い臨終であったという。つまり、いわゆる入水往生《じゅすいおうじょう》を遂げたのである（『宗典』下巻・三七六頁下）。

このあじさか入道が家来に対し「ついに引接（したまひて）」と語った句は、そもそも何を指しているのであろうか。それは実に、源信（九四二—一〇一七）作と伝承される『来迎和讃』（時宗では『来迎讃』と呼称）の一節である。和讃という言葉の本来の意味は、「和語《わご》讃歎《さんだん》」という意味である。これは、日本語による仏教讃歌の一種であり、内容は仏・菩薩の功徳や教法、祖師、高僧などの業績をほめたたえたものである。和讃の数は、もとよりたくさんあるが、概して唱えやすく、覚えやすくできているため、誦すれば楽しいところに娯楽性もある。七五調で四句以上数十句、数百句と言うように作られている。これに節（博士《ふし》）を付けて歌うため、仏教芸能の一つとして、別の評価もある。和讃は平安時代中期頃からすでに行われていたようであり、現代まで継続している。日本の仏教歌謡の中で、和讃は質の上からも、量の上からも、まことに優れたものと評されている。和讃の作者については真作かどうか疑問視されているものも多いが、より古い時代のものと言われているものとして、慈恵大師良源作『本覚讃』、千観作『極楽国弥陀和讃』、源信作『来迎和讃』『極楽六時讃』(時宗では『六時居讃』と呼称)などがある。

この『来迎和讃』の作者源信はまた、主著として『往生要集』を著わしている。同書は念仏による極楽往生の要諦について諸経論の所説を整理し、後世の浄土仏教に決定的な影響を与えた。この『往生要集』の末文によれば、永観二年(九八四)、比叡山横川で執筆を開始し、寛和元年(九八五)に完成している。この『往生要集』は、それまで死霊鎮送の真言陀羅尼と区別が定かでなかった念仏に往生業としての意義があることをすぐれて明確に理論化・体系化した著作であり、その完成の直後から浄土教家や念仏者の間で評判となった。

さて一遍は、駿河より尾張・美濃を経由し、近江を遊行した。一遍一行は、この近江の地の多くは比叡山延暦寺の領地であるから、以前から専修念仏に帰依することはよろしくないと指令がでていると聞かされていた。それでも、横川の真縁が一遍と結縁した。そこで、数日の間にわたる化導も煩わしいこと(延暦寺関係者からの布教妨害)もなく過ごすことができた。この横川は比叡山三塔の一つ。叡山浄土教の中心地であり、源信が居住していた場所でもある。しかし、真縁については、まだ詳しいことは分かっていない。

大津の関寺(現、滋賀県大津市逢坂　時宗長安寺周辺)に入った一遍は、今度は近接する園城寺(三井寺)から布教よろしからずという旨の制止を蒙り、その夜は逢坂関のそばの草堂に立ち寄った。しかし、「一遍の化導の趣旨は因縁がないわけではないから」として、園

『聖絵』第七巻第一段　関寺での踊り念仏の場面（部分）

城寺の衆徒からの許しを得たので、ついに関寺において七日間の行法を始めた。そのうえ知徳高い僧たちが対面して法談し、一遍と別れを惜しんだので、更に行法を二七日（十四日間）にわたり延長した（『宗典』下巻・三七八頁上）。

関寺とは、現在の滋賀県大津市逢坂周辺にあった古寺であり、「世喜《せき》寺」とも書いた。本尊は五丈の弥勒仏《みろくぶつ》の立像であったという。『関寺縁起』によれば『往生要集』を著した源信が、寛仁二年（一〇一八）に諸堂および弥勒仏の再建を果たし、このとき、使役した牛（迦葉仏の化身とされる）を埋葬したと伝承された牛塔が、時宗長安寺の境内に現存している。

既に述べた重豪など、近江では、踊り念仏を批判する既成仏教の僧侶がいたが、にもかかわらず、なぜ関寺では踊り念仏を延長することができたのであろうか。『聖絵』を見る限り、関寺はまだ建設途中であることが分かる。おそらく、関寺再建の勧進には一遍ら時衆の踊り念仏が必要不可欠であったのではないだろうか。そう考えると、一遍の踊り念仏には、前述した「慰霊」という宗教的側面とともに、浄財の喜捨を勧めるための「勧進」という側面もあったことが読み取れる。

関寺での踊り念仏の評判は、すぐに京へと伝播したに違いない。弘安七年（一二八四）閏四月十六日、一遍は関寺から四条京極の釈迦堂（現、京都市中京区　染殿院周辺）へ入った。ここでは、さまざまな階層の人々が群れをなして参詣し、そのあまりの多さに、人々は振り返ることもできず、車をまわすこともできない、という有様であった。『聖絵』第七では、一遍が肩車をされて念仏札を配る様子が描かれている。そして、一七日《いちしちにち》（一週間）にわたる化益《けやく》ののち、因幡堂へ移った。

そのとき、土御門入道前内大臣が念仏の縁を結ぶべく一遍のもとを訪れた。その後、次のような歌を寄せている。

一声《ひとこゑ》をほのかにきけどほとゝぎす
　なをさめやらぬうたゝねのゆめ
《人の死を予告するいうほとどぎすの一声をほのかに聞いたが、まだうたたねの夢は醒めきれない》

返事　聖

郭公なのるもきくもうたゝねの

ゆめうつゝよりほかの一声

《ほととぎすの鳴くのも、それを聞くのもまだ醒めきれない夢の中である。夢から醒めたと思ってもまだ夢の中である。まことの念仏は夢とか現とかにとらわれない一声でなければならない》

（『宗典』下巻・三七八頁上）

この土御門入道前内大臣という人物については、久我通親の孫である中院通成と推定されている。久我家と證空との俗縁については既に述べた。證空の孫弟子たる一遍へ、この人物が帰依心と親近感とをいだいたとしても奇妙なことではあるまい。ただし、土御門姓についてはなお疑問が残る。

その後、京における一遍の足跡を見ると、三条悲田院、蓮光院、雲居寺、六波羅蜜寺を次々と巡礼し、さらに空也の遺跡、市屋に道場を設け数日にわたり、踊り念仏を行った。このとき、唐橋法印印承が「聖は勢至菩薩の生まれ変わりでいらっしゃる」と霊夢の記をもって参上した。一遍はしかし、「念仏こそが真実である。私が勢至菩薩でなければ信じないの

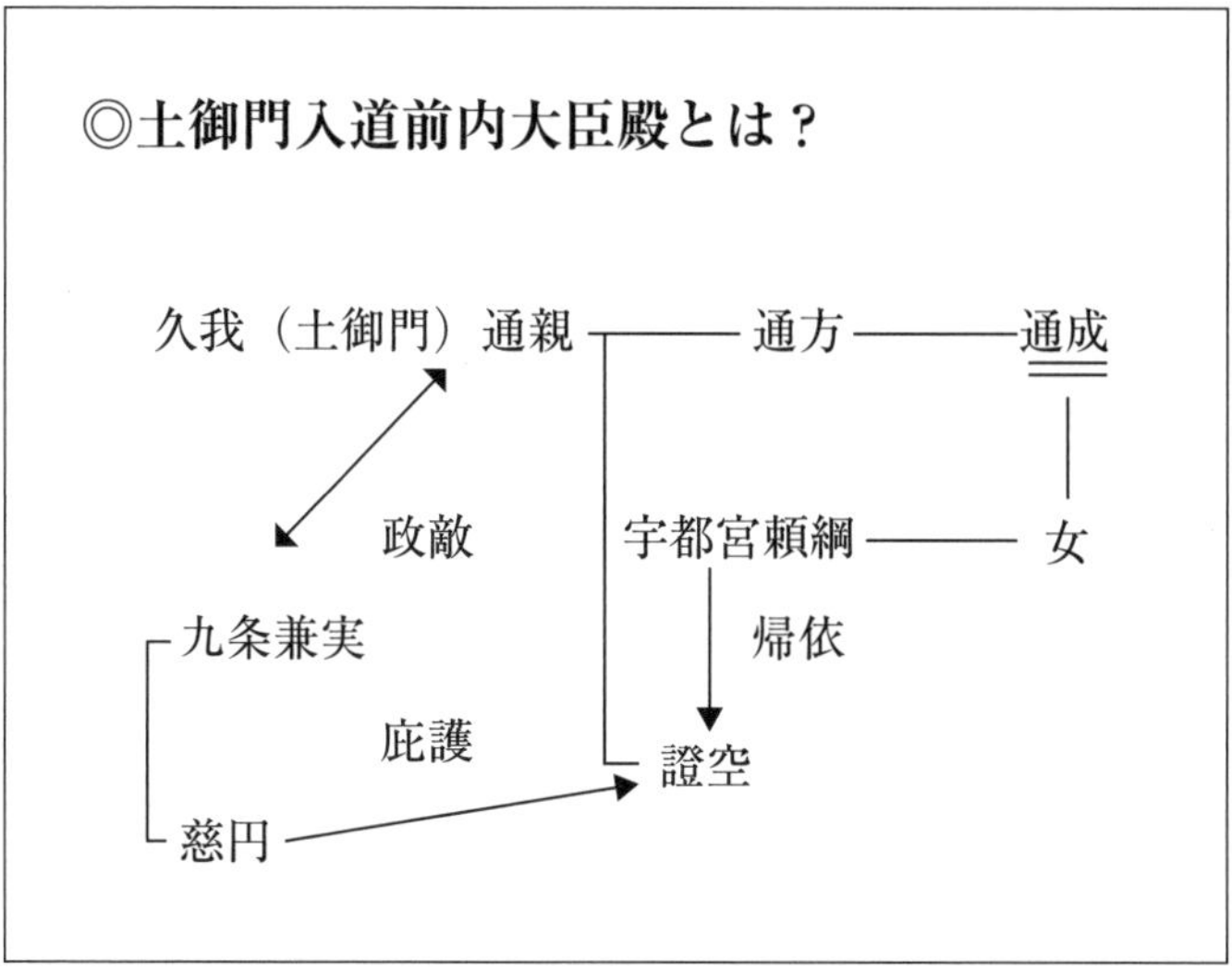

か」と誡めたという（『宗典』下巻・三七八頁下）。この頃から一遍が人々の中で仏・菩薩に準じた信仰の対象となっていった過程が読み取れよう。

それから、一遍が道場での修行の日数や滞在地等、みなそれぞれ理由がないわけではない。京中の化導は初めから終りまで自然に四十八日を数え、阿弥陀仏の四十八願を思わせるものがあった。また、市屋道場（現、京都市下京区）に永く滞在したことについては、いろいろわけがある中でも、一遍自身が遁世のはじめに、「空也上人は我が先達である」として空也の言葉を深く心に感じ、つねに口ずさんでいたことに因ろう（『宗典』下巻・三七九頁上）。

『聖絵』第七、市屋道場での踊り念仏の

場面では、市の中に踊り屋が設置されている。その周囲を見渡すと入り口と思しき場所の横には、屏風で囲われた場所がある。おそらく、この場所でも勧進が行われており、席が設けられていたのではないだろうか。一遍ら時衆が踊り念仏を行う際、その準備から勧進そして、そのあとまでを仕切る存在が見え隠れしている。いわゆる「聖《ひじり》仏教」の裏面史は不明の点が多く、依然研究の途上にあるが、このような描写のうちに、新たな研究の糸口も見い出されるのではないだろうか。

さて、その年五月二十二日に市屋道場を発《た》って桂（現、京都市右京区）に移った。一遍はここで病気となり、その心境を踏まえつつ、時衆に対して次のような戒めを書き示している。

それ生死本源の形は男女和合の一念、流浪三界の相は愛染妄境の迷情なり。男女かたちやぶれ、妄境をのづから滅しなば、生死本無《しょうじほんむ》にして迷情こゝにつきぬべし。花を愛し月を愛する、やゝもすれば輪廻の業。ほとけをおもひ経をおもふ、ともすれば地獄のほのほ。たゞし、一心の本源は自然《じねん》に無念なり。無念の作用《さゆう》、真の法界を縁ず。一心三千に遍ずれども、もとよりこのかた動ぜず。しかりといへども、自然の道理をうしなひて、意楽の魂志をぬきいで、虚無の生死にまどひて、幻化《げんけ》の菩提をもとむ。かくのごときの凡卑のやから、厭離穢土、欣求浄土のこゝろざしふかくして、いきたえいのちをはらむ

『聖絵』第七巻第三段　市屋道場での場面（部分）

をよろこび、聖衆の来迎を期《ご》して、弥陀の名号をとなへ、臨終命断《りんじゅうみょうだん》のきざみ、無生法忍にはかなふべきなり。
南無阿弥陀仏　一遍

《そもそも生死の世界に浮き沈みする根元は、男女相愛の心であり、迷いの三界を流浪する姿は、愛欲のために分別を失った心である。男女の形がこわれ、迷いの境地が自然と無くなれば、生死は本来無であるから、迷の心もなくなるであろう。花を愛し月を愛することも、どうかすると輪廻転生のもとになる。仏を思い経を思うことも、時によると地獄の炎と変わる。ただし、一心の大本は自ら無念である。無念のはたらきは真の法界（悟りの世界）を生み出だす。一心は三千世界に遍満するというけれども、本来不動である。それなのに人は自然の道理を忘れて、欲望ばかり盛んで本来有りもしない生死に迷い、幻の菩提を求めている。このような凡夫は穢れたこの世を厭い離れ、かの浄らかな世界を求める志を深くして息絶え命終るのを喜び、極楽から聖者たちが迎えに来て下さるのを期待して弥陀の名号を称えると、臨終の時に再び生死に迷わない悟りをひらくことになるはずである。

南無阿弥陀仏

一遍》

（『宗典』下巻・三七九頁下—三八〇頁上）

弘安八年（一二八五）五月上旬、一遍は、篠村（現、京都府亀岡市篠）から穴生寺を経て、丹後の久美の浜（現、京都府京丹後市久美浜町）を遊行し、そこで念仏を称えた。その際、龍が浪の間から現れ、一遍の他には時衆の嘆阿弥陀仏、結縁衆では「たかはたの入道」というものがこれを見たという（『宗典』下巻・三八〇頁下）。

また、その年但馬国〔現、兵庫県北部　くみ（城崎或いは竹野付近を比定）〕というところで、海から一町以上離れて道場（現、兵庫県豊岡市竹野町興長寺旧地を比定）を設けた際、沖の方から電光が光るのをご覧になって、「龍王が結縁に来たぞ」といわれて、日中法要を始められると、風雨激しく雷電して浪荒く、海水がさしてきて道場いっぱいに入り込んだ。行道をしていた人の股のあたりまでひたったものである。道具を取り除きなどしたら、一遍はそれをとめ、みなぬれながら行道をした。行法が終わると海水はもとのようになった。今まで海水が入ることもない所なので、人々はたいへん不思議に思ったという（『宗典』同右）。地域的に近接し、ともに「くみ」という地名をもつ場で起こった事件であり、いかにも興味に堪えないが、いまはそのことを指摘しておくにとどめたい。

かくて一遍は、北国（実は山陰・中国）をまわって弘安九年（一二八六）四天王寺へ参詣した。実に十二年ぶりのことであった。その時、毎日お出し申し上げる舎利が壺の中にとどまってお出にならないという日が続いたのであるが、四天王寺の執行《しぎょう》がそのことを申し上げたので、一遍は七日間にわたり祈りを込めたところ、見事舎利をお出し申し上げることができ、計三粒の舎利が全部出てきたという（『宗典』下巻・三八一頁下）。この一遍の祈りであるが、念仏というよりも密教的な修法を行ったのではないだろうか。

さて、四天王寺を出て住吉神社に参詣したが、社壇の有様がいかにも神々しく、千木片そぎの宮造り、松風や海の波の音までも心澄まされるものを覚えた。その社殿は、外国から来る敵を降伏させようと正面を三韓の方に向け、戦場になぞらえて社を四重に構えており、いかにも尊い有様であったから、一遍は特別に法施をたむけ、それから和泉国（現、大阪府の南部）へと移った（『宗典』同右）。

そして、聖徳太子の磯長《しなが》の御廟を参拝し、三日間参籠された。三日目の日中法要の後、御廟を参拝しているとき、不思議なしるしがあったので、他阿真教一人に耳うちをされて、再び日中礼讃をお勤めになる。後にこの寺の住侶である宗円と豪海の二人の阿闍梨が、その後、四天王寺へ参詣した際、この件について四天王寺滞在中の一遍へ尋ねたところ、その時の様子をお話しになって、「このことはもし信じないものがあって、疑いそしるものがあってはかえって無益であろう。たとい記録には残しても、一般には知らせてはならない」といったという（『宗典』下巻・三八二頁上）。

5　一遍が敬慕した聖たち

一遍は空也を「我が先達」と敬慕していることはすでに述べた。一遍にとってはそれ以外にも敬慕する聖が存在していた。晩年の一遍は、それらかねて敬慕する聖に対面を図り、相手が自らの臨終の在り方を模索するかのように、古人である場合には、その足跡を追っている。

四天王寺の如一

弘安九年（一二八六）、四天王寺には如一《にょいち》という聖がいた。もとは道元（一二〇〇―一二五三）の門下で禅の修行に年を重ねていたが、後に證空に出会い念仏者となった人物である。一遍はこの如一と交流をしていたが、その年も暮れの二十八日の朝、如一が一遍の道場を訪ね対面した。そして、自坊に帰った後、如一は「今日往生しようと思ったが、一遍聖の別行中であるから、心静かに結願をさせたいと思う」といって、ひどくわずらうこともなく一月一日の夜明けに、頭北面西《ずほくめんさい》の姿で往生を遂げたという。

以前、如一に臨終のことを尋ねると、「父のようにして死にたい」といったという。「父とはどなたか」と問うと、「『三界の衆生は悉《ことごと》く吾が子』と経文に説かれているから釈迦仏である」と答えた。その言葉通り、涅槃像さながらの安らかな姿で亡くなっていたという。

一遍は別時念仏の結願を迎え、「如一上人が往生したと思われる。行って尋ねよ」と人を遣わしたところ、使者が天王寺へ赴く途上で、寺側から遣わされた如一の臨終を一遍へ伝えんとする使者と行き会った。一遍はすぐ天王寺まで赴き、如一の往生の相を眺めつつ、「まことによい往生である。私もこのようにして往生したいものだ」と讃えている。『聖絵』第九には、如一の棺の後を歩き、野辺の送りをする姿が描かれている（以上、『宗典』下巻・三八三頁下―三八四頁上）。

この如一の往生のあり方から一遍は、自らの臨終を正応二年（一二八九）八月二十二日としていたが、西宮の祭礼に遠慮し翌二十三日の暁へと延期している。また、『聖絵』臨終の場面の下絵は、涅槃図を模したものであった。これらはいずれも、如一からの影響によるものと言えよう。

教信沙弥

教信沙弥《きょうしんしゃみ》（八八一—九六七〈伝承〉）とは、平安前期の聖である。事蹟には不明な点も多いが、興福寺で出家後、賀古駅家《うまや》（現、兵庫県加古川市）に草庵を結び、妻子がありながら昼夜念仏を称え過ごしていた。その臨終には、自らの遺体を獣に施すよう求めたことが、『日本往生極楽記』『今昔物語集』などに記されている。

弘安九年（一二八五）、一遍は、印南野の教信寺を参詣している。教信の旧跡を懐古しながら通り過ぎるはずが、「教信上人がお引止めになる」といって一泊している。

一遍もまた臨終に際し、「野にすてゝけだものにほどこすべし」と語っているが、これは教信からの影響であろう。また、臨終を覚悟した一遍は、印南野の教信寺のほとりで臨終を迎えたいと考えていたが、兵庫から迎えが来たため、移動している。日ごろから深く教信を敬慕していたことが、この事からもうかがえよう（『宗典』下巻・三八四頁下）。

書写山の性空

弘安十年（一二八六）の春、一遍は、播磨国書写山（現、兵庫県姫路市）に参詣している。ここに伽藍を構える圓教寺は、つとに「西の比叡山」と称されていた。本尊は性空《しょうくう》（九一〇—一〇〇七）が、弟子の安鎮に命じて生木の桜に如意輪観音像を刻んだものであったという。そこで、一遍は本尊を参拝したいと希望したが、寺側の返答は当初、「修行を積んだ寺僧の外は何人も許されない」という拒絶であった。そこで、一遍は、四句《しく》の偈《げ》《書写即是解脱山　八葉妙法心蓮故　性空即是涅槃聖　六字宝号無生故》と一首《かきうつすやまはたかねの空にきえて　ふでもおよばぬ月ぞすみける》を捧げると、寺僧らは特に相談し、ついに一遍の参拝を許した。参拝を果たした一遍は、涙をこぼしながら退出したという。

参拝を終えた一遍は、次のような感慨深い歌一首を詠んでいる。

世にふればやがてきえゆくあはゆきの
　身にしられたる春のそらかな
　《降ればすぐに消えてしまう淡雪のように、はかなくこの世から消えてゆくであろう我が身のことが思い知らさる、そんな春の空であるよ》
（『宗典』下巻・三八五頁上）

なお、臨終に際して一遍は、兵庫観音堂に来ていた書写山の寺僧へそれまで所持していた経典を譲渡している。これこそは、書写山とその開山たる性空に対する平素からの深い信仰なくば、到底あり得なかった行動であると言えよう。

6　臨終に向かう一遍

書写山を下りた一遍は、弘安十年（一二八七）播磨松原八幡を参詣した。その折、時衆にあたえられた念仏の和讃こそが「別願和讃」である。
身を観ずれば水のあは　きえぬるのちは人ぞなき
命を思へば月のかげ　いでいるいきにぞとゞまらぬ
人天善処のかたちは　おしめどもみなとゞまらず
地獄鬼畜のくるしみは　いとへども又うけやすし

我が身を思えば水の泡のようであり、泡が消えて残らないように、人も同じである。このように無常観をみごとに表現している。晩年の一遍が遊行の旅路で感じ取っていたものであろう。

自性清浄法身は　如々常住の仏なり
まよひもさとりもなきゆへに　知（る）もしらぬも益ぞなき
万行円備の報身は　理智冥合の仏なり

境智ふたつもなきゆへに　心念口称に益ぞなき
断悪修善の応身は　随縁治病の仏なり
十悪五逆のつみ人に　無縁出離の益ぞなき
名号酬因の報身は　凡夫出離の仏なり
十方衆生の願なれば　ひとりももるゝとがぞなき

ここでは、一遍が修学した西山義の仏身論である通三身別一報を継承していることがこの句からうかがえる。

別願超世の名号は　他力不思議のちからにて
口にまかせて唱（ふ）れば　声に生死の罪きえぬ

一遍が強調したかったのは、この句であろう。どんな凡夫であろうと、六字名号の他力不思議の力によって、ただ口に任せて称えるだけで、声に生死の罪が消えるとしている。

此（の）時極楽世界より　弥陀観音大勢至
無数恒沙の大聖衆　行者の前に顕現し

一時に御手をさづけつゝ　来迎引接たれ給（ふ）

一遍の「このとき」とは称名念仏する時を表わしている。その称名に弥陀観音勢至などの来迎をも見ている。おそらく、識字力の乏しかった民衆には詳細な教義を伝えることはできないだろう。しかし、和讃は、節（博士）を付けて称えることで五感に仏法が届いたに違いない。

正応二年（一二八九）、一遍は、讃岐から善通寺・曼荼羅寺を経て、阿波へと遊行していた。このあたりから『聖絵』は一遍の臨終にむかう様子を克明に記している。

一遍は大鳥の里河辺（金井清光氏は徳島県麻《お》植《え》郡鴨島町河辺《こうべ》寺跡付近、現、吉野川市鴨島町を推定）というところで病に侵されていた。その地で一遍は、自分の命が短くなり、にもかかわらず、人々が教誡を守らないことを憂いていたのである。同行する時衆には、遊行の心得や教誡、所持する十二道具などが与えられていたが、一遍の命の尽きるのを身近に感じてか、その意向に反するものがいたのであろう。男女が共に過ごしているといくら戒律を守ろうともついつい犯してしまうのが、凡夫の悲しさである（『宗典』下巻・三八八頁下）。

一遍は、淡路へ遊行したとき、同地で苦しみながら詠んだ歌がある、そこには一遍の念仏勧進へ強い決意と意思を感じさせる響きがある。すなわち、

旅衣木のねかやのねいづくにか
　身のすてられぬところあるべき
《自分は旅から旅の一所不住の生涯である。木の根や茅の根、何処にこの身を捨てられない所があろうか》
（『宗典』下巻・三八九頁下）

正応二年七月十八日、一遍は、淡路島から明石の浦に渡った。そして、兵庫から迎えの船が来たため、一遍は、「いなみ野（敬慕する教信沙弥の旧跡である印南野教信寺）のほとりで臨終したいと思っていたが、どこであろうと利益《りやく》（結縁《けちえん》・衆生済度）のためならば進退は縁にまかせよう」ということで兵庫へ渡り、光明福寺の観音堂（現、兵庫県神戸市兵庫区時宗真光寺）に入ったのである。

八月二日、一遍は観音堂で法談し、傍《かたわら》には因幡の蓮智と光明福寺の方丈がいた。そのほか、多くの出家者や在俗の人々が聴聞していた。このとき、遺誡の言葉を、桜井での一別以来十五年ぶりにようやくにして再会した聖戒が筆録している（途中で同行したと思われる記述が『聖絵』にはある）。

八月十日の朝、それまで所持していた経典など少々を書写山の寺僧へ譲渡した。一遍は、常日頃から「私の念仏勧進は自分一代限りである」と述べていたが、所持していた書籍類は『阿弥陀経』を読みながら、自身でそれらを焼却した。そのため、聖戒は「これでは教えを伝える者も居なくなる。その法が師と共に滅びてしまうのか」と、まことに悲しく思った。すると、そうした心の内を見透かしてか、一遍は「釈尊一代の教えを突きつめていくと凡夫が救われる教えは、ただ南無阿弥陀仏になるのだ」と述べた（『宗典』下巻・三九〇頁上）。

そのころ他阿真教は、一遍化導の間変わらぬ調声役《ちょうしょうやく》（読経時の句頭役など法要の統括役をいう）であったが、折悪しく病気がちであった、一遍は「身を大切にせよ」と真教を慰労し、これに対し真教も病をつとめて、調声の本座を去らず、そのまま座っていた（『宗典』下巻・三九〇頁下）。

十八日の朝、一遍は聖戒を呼び「我が目を見よ。赤き物があるか」と問いかけ、これに対し聖戒が、「ございます」と答えると「その筋が消えた時を私の最後と思いなさい」と語っている。これはいわば、一遍の洞察力、予知力は常に群を抜いていたが、自己の死期に関してもその力が蝋燭の消える前の最後の輝きさながらに発揮された、という趣旨に立つ描写である。

ここで一遍の臨終まじかの様子を、『聖絵』詞書をもとに見ていきたい。

> 廿一日の日中ののちの、庭のをどり念仏の時、弥阿弥陀仏　聖戒まいりたれば、時衆みなこりかきて、あみぎぬきて来るべきよし仰（せ）らるゝとき、時衆は庭にをどるよし申せば「さらばよくをどらせよ」と仰（せ）らる。

《二十一日の日中法要の後の庭の踊り念仏の時、弥阿弥陀仏と聖戒が参上すると、一遍は、時衆は皆で水垢離をして阿弥衣を着て来るようにおっしゃった時、時衆は庭で踊っていると申し上げると、「それではよく踊らせよ」とおっしゃった。》

（『宗典』下巻・三九一頁上―下）

一遍在世中の時衆は、僧尼それぞれ一組十二人構成で六組四十八人、総勢九十六名であったと『一期念仏結番』に記されている。それぞれが定められた時間帯に念仏や声明を称えていたのである。たとい一遍が臨終まじかであろうとも、時衆がその修行を怠っていないことが分かる。

念仏はてゝみなまいりてのち、結縁衆をのけて、門弟ばかり前後に座せしめ、頭北面西にして念仏し給ふ時、道俗おほくあつまりて、堂上堂下さはがしき事かぎりなかりしかば、いまにてはなきぞとて、「人をのけよ」との給ふ。他阿弥陀仏そのよしをふれめぐれども、人あへてしづまらず。さらばとて時衆をものけ、座席をもなをして、本のごとくなほり給（ひ）たりしかば、みなしづまれり。

《念仏が終わって皆が参ってから後、結縁衆を除いて門弟ばかり前後に座らせ、頭を北に顔を西に向けて念仏なされた時、僧俗多く集まって堂の上も下も大騒ぎになったので、

「臨終は今ではない」といわれて、「人をのけなさい」とおっしゃった。他阿弥陀仏がそのように触れて回ったが、人びとは少しも静まらなかった。一遍は、それならばといって時衆も除けて席を直し、元のように姿勢を直されたので皆も静まったのである。》

（『宗典』下巻・三九一頁下）

一遍が臨終まじかであるという情報は広まり、各地から門弟や信者が押し寄せていたことや、一遍が涅槃図を意識して臥していたことが画面からもうかがわれる。

そして、在地の人である中務《なかつかさの》入道という人がその場へ赴き、死に近い一遍へ、今日が西宮の祭礼であることを伝えたのである。それを聞いた一遍は臨終を日延べしようと答えている。このことは天王寺の如一が一遍の別時結願《べつじけちがん》を待って往生したのと同様のことである。

さらに、西宮の神主が一遍のもとを訪ねてきている。原文では以下のとおり。

去年、西（の）宮に御参詣の時より知識とたのみまいらせて候が、御臨終のよしうけ給（はり）候てをがみたてまつり、十念うけまいらせむと存（じ）候て、神明の祭礼、最後の御供と存じて候（ひ）つるがわざと御行よりさきにまいりて候なり

《昨年、西の宮に参詣の時、知識と頼み申し上げていたが、臨終ということを承りまして、拝み申し上げ十念をお授けいただきたいと思い、神社の祭礼では一番最後からお供を

しようと思っていたが、わざと巡幸より先に参りました》

（『宗典』下巻・三九一頁下―三九二頁上）

この神主からの懇願に一遍は、十念を授け、念珠を与えたのである。このときの十念が一遍にとって人々へ授与した最後の十念になった。

されば、縁謝即滅《えんしゃそくめつ》のはじめ、利生方便《りしょうほうべん》のをはりとて、神もなごりををしみ給（ひ）けるにこそ。六十万人の融通念仏は、同日、播磨の淡河殿と申す女房の、参（り）てうけたてまつりしぞ、かぎりにて侍（り）し。

《そういうわけで、これが縁謝即滅（この世の縁を感謝しながら入滅されること）のはじめであり、利生方便（衆生を救うこと）の終わりであるとして、神も別れを惜しまれたのであろう。六十万人の融通念仏の念仏札は、同日、播磨の淡河（粟河）殿という人（後に他阿弥陀仏が最初に結縁する人物になる）の夫人が参りお受けになったのが最後であった。》

（『宗典』同右）

なお、一遍が最後に念仏札を与えた「淡河殿と申す女房」についてであるが、その夫なる人（淡河殿）こそ、一遍亡きあと他阿真教へ最初に念仏札を求めた人物である。ただこの夫婦の間柄については、『縁起絵』第五をも参照しなければならない（『宗典』下巻・四一三頁上）。

凡（そ）、十六年があひだ、目録にいる人数二十五億一千七百廿四人なり。其（の）余の結縁衆は、齢《よわい》須《すべからく》もかぞへがたく、竹帛《ちくはく》もしるしがたきものなり。

《おおよそ十六年間で賦算した目録に記載されている人数は、二十五億（億は十万の意味、二百五十万）一千七百二十四人である。その他の結縁衆は数を数えることも、書面に記録することもできないほどであった。》（『宗典』下巻・三九二頁上）

一遍が在世中に念仏札を配った数、二百五十万一千七百二十四人であり、結縁衆についてはその数を数えていないという。

于時《ときに》、春秋五十一。八月廿三日の辰の始、晨朝の礼讃の懺悔の帰三宝の程に、出入のいきかよひ給（ふ）も見えず、禅定にいるがごとくして往生し給（ひ）ぬ。眼の中さはやかに赤（き）物もなし。かねておほせられしにすこしもたがはざるゆへに、これを最後のきざみとしるばかりなり。

《時に、一遍の生涯五十一年。八月二十三日の辰の刻の始頃（午前七時頃）「晨朝礼讃」「懺悔の帰三宝」が唱えられるなか出る息が通い為されるのも見えず、禅定に入るように

『聖絵』第十二巻第二段　臨終の場面（部分）

静かに往生された。眼の中はさわやかで赤いものはない。かねておっしゃっていたことと少しも違っていないから、これが最後の時と知るだけである。》（『宗典』下巻・三九二頁上）

彼《か》（の）五十一年の法林、すでにつきて一千余人の弟葉《ていよう》むなしくのこれり。恩顔かへらず、在世にことなるは四《し》衆《しゅ》恋慕のなみだ、教誡ながくたえぬ。平生におなじきは六時念仏の音ばかりなり。

《一遍の五十一年間の化導はもはや終わって、あとには一千余人の弟子たちが茫然と残された。あの情け深いお顔は再び帰ることはなく、生前と異なるのは四部の衆の人びとが恋い慕う涙ばかりであり、教えは永く絶えてしまった。平常と

変わりないのは、六時念仏の声ばかりであったという。》

（『宗典』下巻・三九二頁下）

こうして、一遍は漂泊の旅の末、往生を遂げたのである。『聖絵』詞書の最後には、次のように記されている。

たとひ時うつり事さるとも、もし古《いにし》（へ）をたづねあたらしきをしらば、百代の儀表千載の領袖にあらざらむかも。

《たとえ時代が移り変わり物事が過ぎ去ろうとも、もしこれによって聖の在世の古い良い時代をたずね、新しき現代の立場を知るならば、百代の後の世までもの手本ともなり、千年の後の人々の導き手ともならないことがあろうか》

（『宗典』下巻・三九三頁上）

この結びの言葉のように、現在においても一遍の虚飾を排し、「捨て果て」た生き方そして、その教えは尊くも私たちを導きつつあるのである。

第三章

一遍仏教の特徴

正応二年（一二八九）七月、一遍は当初、「いなみ野」（現、兵庫県加古川市）を終焉の地と思い定めていたようであるが、兵庫から迎えが来たため、同地の観音堂（現、兵庫県神戸市兵庫区　時宗真光寺）に移動した。この頃、一遍は自らの臨終が近いことをさとり、

所持の書籍等、阿弥陀経をよみて手づからやき給《たま》（ひ）しかば、伝法に人なくして師とともに滅しぬるかと、まことにかなしくおぼえしに「一代聖教みなつきて、南無阿弥陀仏になりはてぬ」との給（ひ）しは、世尊説法時将了、慇懃付属弥陀名の心にて五濁増時多疑謗、道俗相嫌不用聞とあれば、よく〳〵しめし給（ひ）しにこそ

（『宗典』下巻・三九〇頁上）

と『聖絵』第十二に記されている。引用文中に見える漢文の句は、いずれも善導『法事讃』からのものである。一遍は、所持していた経典以外の書籍を『阿弥陀経』を読誦しつつ、自ら焼却している。これは、釈尊一代の教えを尽きつめれば、凡夫である私が救済される教えは南無阿弥陀仏となることから、ことさら自己の思想を残そうとはしなかったためであろう。おそらく、焼却した書籍の中には一遍自身の思想を記した著作も存在していたことであ

ろう。ともあれ、一遍自身の著作は現存せず、その思想は、伝記類や門下の筆録による聞書などに依拠するほかない。なお、通俗的な書籍の中には一遍が経典をさえも焼却させたかのような印象を与えかねないものもまま見受けられるが、正されるべき謬見である。『聖絵』第十一の描写からも知られるように、死を予期した一遍は、兵庫観音堂入りしてのち、「もち給へる経少々、書写山の寺僧の侍（り）しにわたし」（『宗典』下巻・三九〇頁上）ている。

その史料としては、神奈川県立金沢文庫所蔵の『播州法語集』がある。現存する一遍の法語としては最古と位置づけられ、鎌倉末期から南北朝期頃の筆写本と推定されている。しかし、成立を明確にするうえで手がかりとなる巻首・巻尾が欠損している残欠本である。そのため、成立や書写の年代などを明確に知ることはできない。

現在、最も流布しているのは『一遍上人語録』（以下、『語録』）上下二巻である。この『語録』の初版は、遊行五十二代他阿一海（一六八八―一七六六）が一遍の消息法語類を集録し、宝暦十三年（一七六三）に出版したものである。しかし、その翌年、明和元年（一七六四）に版木もろとも灰燼に帰した。そこで他阿一海は、浄土宗西山派の学僧 俊鳳妙瑞《しゅんぽうみょうずい》（一七一四―一七八七）に『語録』の再版を委託し、それは明和七年（一七七〇）秋に至り出版されている。その俊鳳妙瑞は、『語録』の唯一の註釈書である『一遍上人語録諺釈《げんしゃく》』を明和四年（一七六七）に著している。この明和七年開版の『語録』も、文化三年（一八〇六）三月に至り焼失し、五年後の同八年（一八一一）十月には、第三回目の開版がなされた。この文化八年開版の内容は、明和七年開版『語録』と同様であるが、宝暦版と比較すると、下巻の配列が大幅に改訂され、内容に相違する点が多い。このことは、編者である俊鳳妙瑞が明和七年において開版する際に『聖絵』を重要視したことが大きな要因をなしている。

中世から近世の時衆（宗）教団にあっては、一遍・他阿真教の系譜に連なるいわゆる遊行派が自派の正統性を正当化する手段として、一遍と他阿の両師の伝記である『縁起絵』を複数制作し、流布させていた。それに対して俊鳳妙瑞は、一遍の伝記として『縁起絵』ではなく、当時、六条道場歓喜光寺に所蔵されていた『聖絵』に相当な史料的価値を見いだしたのであろう。そのため、明和七年に開版する際には、『聖絵』から多くの法語を採録したものと思われる。しかし、古態をとどめる『播州法語集』と、江戸期に成った『語録』下巻に収録されている法語を比較検討すると、明らかに削除、改編の痕跡がみられる。この点は注意しなければならない。おそらく俊鳳妙瑞は、編集する際に、一遍の思想を西山義へ意図的に回帰させようとしたのではないだろうか。のちほど典型的な該当例を一つ示したい。

さて、『語録』上下二巻に所収されている消息・偈頌・法語などに引用されている典籍を分類すると、経典としては『無量寿経』『観無量寿経』『阿弥陀経』『称讃浄土仏摂受経』『法華経』などが多く引用されている。論疏としては、善導『観経疏』「玄義分」「序分義」「定善義」「散善義」、『法事讃』、『往生礼讃』、法然『選択集』から多くの引用が挙げられる。この分類から経典引用の大半が「浄土三部経」であり、論疏引用では善導『観経疏』がその大半を占めており、特に「散善義」からの引用が目立つ。

このことから一遍の思想背景には、特に善導教学、および西山義が大きく影響しているものと見られるのである。つまり、善導・法然・證空・聖達そして一遍へと継承された浄土仏教が顕現しているのであり、一遍の求道の歩みから見ても、これは当然のことと言えよう。

では、その一遍の思想を、「西山義から一遍仏教へ」、「名号絶対性の獲得」、「捨ててこそ—その先にある救済」に分けてみていくこととしよう。

2 西山義から一遍仏教へ

既に、浄土宗西山派祖善慧房證空《しょうくう》の生涯については触れている。ここではその思想について簡略に述べ、一遍仏教への伝承を機法一体という観点から探りたい。

證空の著作は真偽を含め多数伝承されている。ここでは代表的なもののみを挙げると、『観門要義鈔』（『自筆鈔』）四十一巻は、もともとは仮名書きで伝承されていたが、江戸期の寛文十年（一六七〇）に至り、漢文体に改編された。善導著作本文への逐語的解釈である。また、『観経疏他筆鈔』（『他筆鈔』）十四巻は弟子観鏡の筆録による。『積学房鈔』は実信房の筆録により、善導の著作の中でも『法事讃』を論じた部分のみが現存しており、これは坂本西教寺で昭和八年（一九三三）に発見された。『観経疏大意』一巻は、善導の主要著作たるいわゆる五部九巻について、その要義を示し、解説を加えたものである。さらに『女院御書』二巻があるが、この女院が誰を指すかという点について、上巻は宜仁門院藤原彦子（藤原教実の娘）、下巻は北白川女院藤原陳子（後堀河天皇実母・持明院基家の娘）と言われているが、いずれも念仏の法門を平易に述べたものである。最も知られている著作は、『鎮勧用心』であろう。弟子である道覚法親王（後鳥羽上皇皇子、第八十代天台座主）からの要請に応じ、短文ではあるが端的に自己平生の思想を示したものである。『述成』（『述誠』）は弟子である実信房蓮生（宇都宮頼綱　一一七二―一二五九）との往復書簡を後に問答形式に編纂したものである。そのほか、『三縁義』一巻。『五段抄』一巻などがある。

さて、證空は、善導の著作、特に『観経疏』を通じて会得した思想を表現するにあたり、善導『観経疏』から独自の用語、特殊名目《とくしゅみょうもく》を演繹《えんえき》しつつ、多岐にわたる論を展開している。その特殊名目はそれぞれの著作の撰述年代により異なっており、先行研究に依ればおよそ三期に区分できる。これによって、證空のいくつかの著作が成立した年代を、およそ次のように推定することができよう。

第一期、三門（行門・観門・弘願）…『自筆鈔』

第二期、顕行・示観・正因・正行…『他筆鈔』

第三期、三重六義・能請《のうしょう》（韋提）・所請《しょしょう》（世尊）、能説（如来）・諸説（十六観）、能為（如来）・所為（韋提）…『定散料簡義』

このうち、第一期の「三門」（行門・観門・弘願）を用いて一代仏教を概観するとき、まず、「行門」とは化前《けぜん》の仏教、特に『観無量寿経』に説かれる定善《じょうぜん》十三観、散善九品《くほん》の行、及び諸経の行を修《しゅ》する自力修行門を表している。次に「観門」とは、『観無量寿経』王宮会《おうぐうえ》での教説である定散二善とは、阿弥陀仏が広く衆生を救済すべく立てた十八願へと帰入させるための方便と勧照である、と見なしている。そして、「弘願」とは、一切衆生を六字名号に帰着せしめることをいい、これを称名念仏の意味であるとする。これら特殊名目の変遷は、證空にあっては決して異なる内容を表現しているのではなく、その思想が「粗」から「細」へと進みつつあることを意味している。

證空教学の特徴としては、阿弥陀仏の十劫正覚《じっこうしょうがく》と衆生の往生との関係性があげられる。法蔵菩薩の四十八願の中でもとりわけ肝要たる第十八願・念仏往生願に「設我得仏　十方衆生　至心信楽　欲生我国　乃至十念　若不生者　不取正覚　唯除五逆誹謗正法《設《も》し我仏を得たらんに、十方の衆生、至心に信楽して、我が国に生ぜんと欲して、乃至十念せんに、もし生ぜんずんば正覚をとらじ　唯し五逆と正法を誹謗するを除く》」の解釈である。

證空は、阿弥陀仏の十劫正覚と衆生の往生について、阿弥陀仏（その時は法蔵菩薩であった）が十劫の昔にさとりをひらいた時、既に衆生の往生もまた決定《けつじょう》したと解釈する。それが証拠に、さきの念仏往生願には「若不生者　不取正覚」とある。十劫の昔において衆生が往生しなかったならば、阿弥陀仏が「正覚」を開くはずもない。それゆえに、衆生の往生は十劫の昔にあって、既に決定している。つまり、衆生の往生が阿弥陀仏の「正覚」に必須の条件となるのである。したがって、阿弥陀仏が正覚を開いたことは、そのまま衆生の往生も決定したものである、と解釈している。このことを「往生正覚同時倶時《おうじょうしょうがくどうじくじ》」という。

また、證空の称名は、「名を称えること」ではなく、「称」を「称揚」の意と解釈し、かつ、「名」を「ほめる」と訓じて、衆生の往生が決定していることを領解《りょうげ》（理解）する。そのあまりのうれしさから阿弥陀仏を称揚することが称名念仏である、と論じている。

證空の機法一体

それでは、證空教学、西山義がどのように一遍仏教へ継承されたのか、ここでは機法一体を中心として概観したい。この機法一体とは、西山派、真宗、時宗の典籍にその使用例が見られる用語である。真宗の開祖親鸞には機法一体の使用例が見られないが、覚如（一二七一―一三五一）や存覚（一二九〇―一三七三）、さらに後世の蓮如（一四一五―一四九九）に多くの使用例が指摘されている。この真宗での使用例は、覚如・存覚が樋ノ口安養寺阿日房彰空に西山義を修学したことの所産とされている。おそらく、西山派で創設された機法一体は、證空の孫弟子の代に至って西山派、真宗、時宗の間で広く流布し、各派それぞれの語義をも付与されるようになったのであろう。

おおよそ、機法一体とは、阿弥陀仏による衆生救済のいわれが南無阿弥陀仏の六字名号に込められていることを表し、衆生の機と阿弥陀仏の法とが一体であること、一体となることを意味している。ただし、證空の『西山善慧上人御法語』には、機法一体の使用例が見当たるが、『自筆鈔』『他筆鈔』などの主著には見当たらないことも指摘されている。この点は今後の研究課題として注意する必要があろう。

さて、證空は善導の説く衆生が南無と称える願、阿弥陀仏は行体として、南無阿弥陀仏の六字に願行具足していると説く六字釈に基づき、他力観門により弘願に帰入した願行具足の状態を、機法一体と表現している。

まず、『西山善慧上人御法語』では、

迷ひの穢土、悟りは浄土也。さとりといふは阿弥陀仏の体より外《ほか》には諸仏もなきいはれ也。迷の我等が上におひて正覚を成ずる時、迷悟が一になりたる所を南無阿弥陀仏六字の名号と申す也。然る間、南無は迷の衆生の体也。覚りと云ふは阿弥陀仏の体なり。この二が一になりたる所を仏につけては正覚といひ、凡夫につけては往生と云ふ也。（中略）かく心えたる所がやがて名号にてはある也。必ずしも口にとなへたるばかりが名号にてはなき也。念声一体《ねんしょういったい》と云ふはこれにてあるなり。此の謂れをこゝろえんずるを即便往生ともいひ、機法一体ともいひ、証得往生とも云ふ也。仏の悟りが衆生の往生の体にて、衆生の往生の外に仏の正覚もなき也。此の南無と云ふはまさしき我等が体なり。則ち三心也。三心と云ふは心うる心也。心うると云ふはしるなり。しると云ふはきくなり。聞は知なり。是を心想といひ、是を南無といふなり。此の南無、阿弥陀仏のさとりの体に具せられて名号となるぞとこゝろうる所が往生にてある也。

（『西山上人短篇鈔物集』一三二頁―一三三頁）

とある。この一段から知られる證空の思想は、おおよそ以下のとおり描出されよう――迷いは穢土であり、悟りは浄土である。悟りとは阿弥陀仏の覚体以外に存在しない。「迷いの我等」である衆生と阿弥陀仏が正覚した時に、迷いも悟りも一体となるところから南無阿弥陀仏の六字名号というのである。そのため、南無とは、迷える衆生の体であり、覚《さと》りというのは阿弥陀仏の覚体である。この二つが一体になる所を阿弥陀仏については「正覚」といい、凡夫である衆生については「往生」といっているのである。必ずしも口称《くしょう》念仏ばかりが六字の名号ではない。念と声とが一つであるということはこれからいうのである。このことを心得ると言うことを即便往生といい、機法一体といい、証得往生ともいうのである。阿弥陀仏の正覚が衆生の往生の体であり、衆生の往生の為以外に阿弥陀仏が正覚を得た理由もないのである、と。

さらに、證空は、機法一体の論理において阿弥陀仏と衆生の相互関係をどのように考えていたのであろうか。『述成』では、

然るに、念仏の帰命の、仏体につきて云へば、先《ま》づ彼《か》の阿弥陀仏の覚体にこの命を惜しみたる我等凡夫を自ら摂《しょう》して成仏したまへる故に、今始めて命を帰《き》せざれども、彼の仏体に往生は成ぜられけり、と意得《こころう》べし。これすなはち、一心廻願往生浄土為体なれば、衆生の往生を覚体に成じ玉へるなり。（『西山上人短篇鈔物集』七七頁）

とある。この一段の主旨は、以下のとおり——念仏による帰命が仏体に付くというのは、阿弥陀仏の覚体に命を惜しむ我等衆生を自ら摂して成仏された仏であるからであり、我々が、今初めて帰命するということではなく、阿弥陀仏の覚体において、往生は既に成されていると心得るべきであるということが読み取れる。そして、これを善導（『観経疏』玄義分）は「一心廻願往生浄土為体」と解釈し、往生はすでに阿弥陀仏が正覚を成就したときに成し遂げられている、と。證空はまた、

爾《しか》れば、念仏三昧は能帰所帰一体に成《じょう》ずる相なれば、南無は帰命亦は能帰、阿弥陀仏は

所帰なり。

（『西山上人短篇鈔物集』九五頁）

とも説いている。ここにいわゆる念仏三昧とは、能帰所帰一体によって成り立っているが、南無とは帰命または帰命する衆生としての能帰であり、阿弥陀仏は所帰である。

證空の機法一体には、救済成立の根源的な原理をあらわす機法一体と、救済概念をあらわす機法一体とが存在している。他力領解《たりきりょうげ》の上に立った念仏体内の功徳によるものであることがうかがえるが、證空自身は、あくまでも阿弥陀仏の側に備わっているとして論じている。

一遍仏教の機法一体

一遍の機法一体については、『語録』をもとに概観しよう。このとき、機法一体と同様の意義をもつ能所一体をも考察の対象に含めたい。一遍は、阿弥陀仏と衆生との相互関係をどのように考えていたのであろうか。

『語録』下巻・門人伝説三では、

又云（く）『至誠心は、自力我執の心を捨（て）て、弥陀に帰するを真実心の体とす。其故は、「貪瞋邪偽奸詐、百端」と釈するは、衆生の意地をきらひすつるなり。三毒は三業の中には、意地具足の煩悩なり。深心とは「自身現是罪悪生死凡夫」と釈して、煩悩具足の身を捨（て）て、本願の名号に帰するを深心の体とす。然れば、至誠心深心の二心は衆生の身心のふたつをすてゝ、他力の名号に帰する姿なり。回向心とは、自力我執の時の諸善と名号所具の諸善と一味和合するとき、能帰所帰一体と成（り）て、南無阿弥陀仏とあらはるゝなり。此うへは、上の三心は即施《そくせ》即廃《そくはい》して、独一の南無阿弥陀仏なり。然れば三心とは身心を捨（て）て念仏申（す）より外に別の子細なし。其身心を、棄（て）たる姿は南無阿弥陀仏是《これ》なり。』

（『宗典』上巻・二六頁上─下）

とある。浄土仏教では「三心必具《さんじんひつぐ》」ということは重要な概念とされている。その三心の逐一について、一遍はおよそ以下のように考えている――まず、至誠心というのは自力我執の心を捨てて、阿弥陀仏に帰依することが真実の姿である。その理由は「貪瞋邪偽奸詐、百端」と解釈しているのは、衆生がそうした心を嫌って捨てよというのである。それで三毒は三業の中には意地具足の煩悩というのである。次に、深心とは、善導が「自身現世罪悪生死凡夫」（『観経疏』散善義）と解釈していることからも知られるように、自らは煩悩具足の身であると自覚し、その本願の名号に帰依することを深心の本体とするのである。その本願というのは名号である。だから、至誠心、深心の二心は衆生が身と心の二つを捨てて、他力の名号に帰依する姿を指すのである。そして、廻（回）向心とは、己を頼りにしたときの諸善行と名号そのものに具わった善行とが一つに融合するとき、衆生（能帰）と阿弥陀仏（所帰）

とが一体となって、南無阿弥陀仏の六字名号そのものとなって現れるということである。つまり一遍は、三心は衆生が備えるのではなく、六字名号そのものに備わっていると論じているのである。

そして、『語録』下巻・門人伝説十では、機法一体の功能《くのう》について次のように説いている。

又云（く）『「念々不捨者」といふは、南無阿弥陀仏の機法一体の功能なり。或人の義には機に付（く）といひ、或は法に付（く）ともいふ。いづれも偏見なり。機も法も名号の功能と知（り）ぬれば、機に付（く）れどもたがはず、法に付（く）れどもたがはず。其ゆへは、機法不二の名号なれば、南無阿弥陀仏の外《ほか》に能帰もなく、又所帰もなき故なり。』（『宗典』上巻・一二七頁下）

ここの主旨はおよそ以下のとおり――善導『観経疏』散善義にいう「念々不捨者」というのは、六字名号である南無阿弥陀仏が機法一体の働きによるものである。それをある人の解釈には、この働きが衆生の側（機辺）に付くと言い、またある人は、阿弥陀仏の側（仏辺《ぶっぺん》）に付くとしている。しかし、いずれの解釈も偏見である。それは、衆生も阿弥陀仏もともに南無阿弥陀仏の六字名号の働きによるものであると知ったならば、衆生に付くものと見て、阿弥陀仏に付くものと見ても、いずれも間違いではない。そのため、衆生と阿弥陀仏とが一体であることを説く六字名号であるため、南無阿弥陀仏の外《ほか》には、帰依する衆生も帰依される阿弥陀仏も存在しないのである。

さらに『語録』下巻・門人伝説十五では、

又云（く）『能帰といふは南無なり、十方衆生なり。是《これ》すなはち命濁中夭《みょうじょくちゅうよう》の命なり。然（る）に常住不滅の無量寿に帰しぬれば、我執の迷情をけづりて、能帰所帰一体にして、生死本無なるすがたを、六字の南無阿弥陀仏と成就せり。かくのごとく領解《りょうげ》するを三心の智慧といふなり。その智慧といふは、所詮、自力我執の情量を捨《す》（て）うしなふ意なり。』（『宗典』上巻・二八頁上）

とある。つまり、一遍にあっては、能帰（帰依すること）とは南無であり、十方衆生のことである。わけても、この短命な時代に生まれた衆生のことである。しかし、こうした衆生もひとたび常住不滅の無量寿に帰依すれば、我執の迷いを削り、衆生と阿弥陀仏が一体となり、生死《しょうじ》がもとより無い姿を六字の南無阿弥陀仏としている。このように理解することを三心の智慧というのである。その智慧とは、いわゆる自力我執《じりきがしゅう》の心をなくそうと自覚することであるという。

さらに、『語録』下巻・門人伝説二十四では、西山義に立脚しつつも一遍仏教の特徴が次のように直截に示されている。

又云（く）『安心《あんじん》といふは南無なり。起行《きぎょう》といふは阿弥陀の三字なり。作業《さごう》といふは仏なり。機法一体の南無阿弥陀仏に成（り）ぬれば、三心四修五念《さんじんししゅごねん》は皆もて名号なり。』

（『宗典』上巻・二九頁上）

つまり、安心というのは南無であり、起行というのは阿弥陀であり、作業というのは仏である。それは、衆生と阿弥陀仏が一体である機法一体の南無阿弥陀仏であるため、三心、四修、五念というものは、全て六字名号に摂取されているのである。この点に関して、『語録』下巻・門人伝説六十七では、さらに踏み込んで以下のように説いている。

又云（く）『心外《しんげ》に境を置（き）て罪をやめ善を修する面《おもて》にては、たとひ塵劫をふるとも生死をば離るべからず。いづれの教に（て）も、能所の絶する位に入（り）て、生死を解脱するなり。今の名号は能所一体の法なり。』

（『宗典』上巻・三三頁下）

この主旨は、衆生がどこまでも生死の迷いから離れられない。しかし、衆生と阿弥陀仏とは、六字名号において一体となることにより生死の苦悩がやむのである。そのため、今言うところの六字名号とは、衆生と阿弥陀仏とが一体になった真実の教えである、ということである。

このように、一遍仏教の機法一体は、救済概念をあらわす用語として使用されているものと認められる。そして、一遍の機法一体の特徴は、阿弥陀仏と衆生との関係を南無阿弥陀仏の六字名号のなかに見いだしている、ということである。あくまでも南無阿弥陀仏のうちにあって、阿弥陀仏も衆生もそれぞれの存在を超越した状態、すべてを具足した絶対的な存在が成就されるのであり、そこから機法一体を論じているのである。

このことから、一遍仏教の機法一体は、證空教学、及びそれを継承した西山義を継承しているものの、あくまでも南無阿弥陀仏の六字名号そのものを絶対視しているのである。この点について一遍仏教は、證空教学、西山義に立脚し、一層深化させたものと言えよう。

3　名号絶対性の獲得

さて、一遍は、文永八年（一二七一）春、信州善光寺へ参籠し、善導の己証《こしょう》の法門を絵画化し、いわゆる二河白道の本尊を描いた。その年の秋には、郷里である伊予の窪寺というところに粗末な閑室を作り、東の壁にこの二尊の本尊を掛け、人と交わることなくひとりで仏に仕え、すべてを投げ捨ててもっぱら念仏三昧に入った。その時、悟られた内容を、七言の偈頌《げじゅ》に詠じ、これを本尊の傍の壁垣に書いた。その偈頌こそが「十一不二頌」である。また、文永十一年（一二七四）の夏、熊野本宮証誠殿に参籠し、熊野権現から授かった神託により作成されたのが「六十万人頌」である。著作のない一遍にとって唯一思想的深化を時間軸で考察できるのは、『聖絵』に記された「十一不二頌」と「六十万人頌」の内容である。

ちなみに、「十一不二頌」（A）そして「六十万人頌」（B）は、『聖絵』での順番は（A）→（B）であるが（『宗典』下巻・三六六頁下、三六九頁下）、『縁起絵』では反対に（B）→（A）の順序で記されている（『宗典』下巻・四〇二頁下）。のみならず、後者では、前者で詳しくなされているような、偈頌成立に際しての経緯説明が認められない。ともあれ、この逆説的に記述された二つの偈頌は近世に至り、時宗宗学上、大きな事象となっていく。ただ、その詳細を述べることは本書の主旨ではないため、ここで敢えて触れることはしない。

それでは、「十一不二頌」の内容を見ていくことにする。

十劫正覚衆生界　一念往生弥陀国　十一不二証無生　国界平等坐大会

《十劫に正覚す衆生界　一念に往生す弥陀国　十と一とは不二にして無生を証し　国と界とは平等にして大会《だいえ》に坐す》

十劫のはるか昔、法蔵菩薩が四十八願を立てて、その誓願が成就し、阿弥陀仏となったことにより、衆生が阿弥陀仏の西方極楽世界に往生することができる。衆生が一度称える念仏により、阿弥陀仏の西方極楽世界に往生ができるのである。十劫のはるか昔の法蔵菩薩の正覚と衆生の西方極楽世界への往生は、衆生が一度称えた念仏により同時に可能であり、六字名号によって同時に成就していると言える。そして、このことこそが無生《むしょう》、つまり、悟りの境地である。「国」である阿弥陀仏の西方極楽世界と、「界」、すなわち衆生の住まう世界とが、言い換えれば、阿弥陀仏の正覚と衆生の往生とが、互いに時空を超越し、六字名号のなかに摂取されているのである。

第一句は、「浄土三部経」、特に『無量寿経』に説かれた説示どおりの内容である。この点は、浄土仏教（特に西山義）を学んだ一遍としては、忠実に経説、師説（西山義に説かれる「往生正覚同時倶時」）を継承していることがうかがえる。また、その後の句についてであるが、「一念往生」とあるのは、一回という数的な表現ではなく、一遍がその名を初名たる随縁から智真をへて（『聖絵』、『宗典』下巻・三六五頁下、この改名は華台の教示による）一遍へと改めたことからも考えると、むしろすぐれて質的な表現であろう。さらに、第四句に説かれる「平等」とは、「共通であること」を意味している。そのため、阿弥陀仏と衆生とが六字名号により摂取されていることを端的に表現している。ただし、ここにはなお弥陀教、釈迦教の二尊教が並列的な観念として存在していることを否めない。

さて、『聖絵』第三では、熊野成道後について次のように記している。

其（の）形木（の）文（に）云（く）南無阿弥陀佛決定往生六十万人　此（の）中に惣じて六八の弘誓を標して、一乗の機法をあかす。引導の機縁かならず六十万人にさだむる事は、仏力観成《ぶつりきかんじょう》の要門は諸仏の大悲、ひとへに勤苦の衆生にほどこし、無上超世の本誓は如来の正覚、しかしながら常没《じょうもつ》の凡夫にとなへて三祇の起行《きぎょう》　功を衆生にゆづり、六字の名号　証を一念に成ず。かるがゆえに、十劫の成道は凡聖《ぼんじょう》の境界をつくし、万徳《まんどく》の円明《えんみょう》なる事は報仏の果号よりあらはれて、頓教の一乗、十界を会《え》して凡をこえ聖《しょう》をこえ、一遍の称名法界に遍じて前《さき》なく後《のち》なく、有識含霊《うしきがんりょう》みなこと〴〵く安楽の能人、無極《むごく》の聖と成ずる。他力難思《たりきなんじ》の密意《みっち》をつたへて、一切衆生決定往生の記莂《きべつ》をさづくるものなり。そも〳〵王宮密化《おうぐうみっけ》のゆふべの風には、仏智を直（ち）に無善の凡夫にしめし、霊山大会《りょうぜんだいえ》の暁（の）空には、開導をひとへに有学の阿難にゆずりて、平等一子《びょうどういっし》の慈悲利益《じひりやく》を万年にとゞめ、本誓六字《ほんぜいろくじ》の名号　無生《むしょう》を一声《いっしょう》に証す。二尊の本懐《ほんがい》あやまりなく、諸仏の証誠《しょうじょう》むなしからず。一称十念こゝろをたづねて来迎し、五逆闡提願に乗じてみなゆく。巨石《こじゃく》の船をえ、蚊虻の鳳《おほとり》につくがごとし。

（『宗典』下巻・三六九頁下）

この一段の主旨は、一遍が修学した西山義における衆生と阿弥陀仏の関係性、「浄土三部経」の説示を端的に表現している。そして、「六十万人頌」の教示をも示している、といえよう。
では、その「六十万人頌」について、改めて本文を掲げよう。

六字名号一遍法　十界依正一遍体　万行離念一遍証　人中上々妙好華

《六字の名号は一遍の法なり　十界の依正は一遍の体なり　万行離念して一遍を証す　人中上々の妙好華なり》

この偈頌の主旨は、以下のように表現されよう——六字の名号は絶対の真理の徳（「一遍法」の「法」とは「教え」の意）である。悟りと迷いの世界は共に六字の名号によって生かされている。自力の万行を捨てて念仏するところに往生のあかしがある。こういう念仏人こそは、すばらしい白蓮華の花である。

この説示からは、「十一不二頌」にみられた、弥陀教・釈迦教の二尊教を並列的に説くという観念は全く払拭されており、いわば、二尊二教から二尊一教へと展開していることがうかがえる。

そして、これは筆者の所見であるが、一遍はこの「六十万人頌」を作成した後、自らの名前をそれまでの「智真」（随縁→智真）からさらに「一遍」へと改称したのではないか。そして同時に、賦算に用いてきた「南無阿弥陀佛」の念仏札へ、「決定往生　六十万人」の文言を追加したのではないか。

また、これまで「十一不二頌」が未完成であり、「六十万人頌」こそが一遍の完成形であるかのように論じられた先行研究も少なくない。しかし、既に「十一不二頌」の段階で一遍は一切に対する六字名号の絶対性を既に十分に見出している。むしろ、一遍仏教の形成は、一遍が修学してきた浄土仏教、特に西山義に立脚した六字名号の絶対性を表現した「十一不二頌」においてなされており、ただ、一遍自らが獲得した六字名号への絶対性を別して一層強調したのが「六十万人頌」だといえよう。その一遍の六字名号に対する絶対性の獲得には、熊野権現による神託が大きく影響しているといえよう。前述したように、「十一不二頌」にあって、弥陀教、釈迦教の二尊教が並列的に示されている（二尊二教）のが、「六十万人頌」に至って二尊一教へと一本化されている。ただ、このことは、今述べた未完成・完成形という問題とは別個に考えねばならない。あくまでも同一の教相について角度を換えて見たという問題にほかならないからであり、教えに高低があるということではないからである。

なお『聖絵』第一では、十歳で母との死別によって出家し、「随縁」と名乗ったとしている。おそらく、天台系寺院での修学期のことであったと考えられる。そして、浄土仏教を修学するため太宰府聖達を訪ねるがすぐに華台のもとへ行き、そこで「智真」へと改称されるのである。しかし、いつどのようにして「一遍」と改称したのかは、本文中には明確に記されていない。

そもそも、一遍とはいかなる意味であろうか。一遍の「六十万人頌」では、実に四句中三句にまで「一遍」が使用されている。この「一遍」の「一」は、一切衆生を意味しており、対する「遍」は遍く一切のことを指している。そして、それはまた、「一切衆生を遍く救う阿弥陀仏そのもの」を意味していたのではないだろうか。つまり「一遍」という名称自体が「南無阿弥陀仏」の六字名号そのものではなかろうかと思われるのである。

さらに、一遍と融通念仏との接点については、浄土宗西山派のなかに良忍《りょうにん》（一〇七三―一一三二）の融通念仏に連なる人物が存在し、その人物と一遍とが何らかの接点を持ったことにより融通念仏を勧めることになったものと推察される。このことについては今後さらなる検証が必要である。ここではひとまず、先行研究に従えば、一遍と融通念仏との接点は見いだせないものではない。それは、生国たる伊予の地で再修行後、念仏三昧を修行する最中にあって、在地の念仏聖との間で交流があり、その思想に触れたのかも知れない。つまり、一遍は、西山義を修学した時期に「智真」と名乗りつつ遊行を開始しており、そこでは、お互いが称え合う念仏により融通することを主旨とする「融通念仏」を勧進していたのではないだろうか。しかしながら、一遍はそれまで自身が久しきにわたり修学してきた浄土仏教、特に西山義を背景に衆生と仏とが一体となる機法一体の念仏を信奉しており、にもかかわらず、互いが称える念仏を融通し合う融通念仏を勧進する聖らと接点を持つに至って、実は一遍自身相当に苦悩していたのではないだろうか。

ただ、だからこそ、熊野参籠の折、熊野権現からの神託によって、それまで苦悩してきた問題が氷解したのであろう。このことから、お互いが称え合う念仏が融通していくことと、称える念仏のうちに阿弥陀仏と衆生とが一体となること、すなわち機法一体とが、六字名号への絶対性という接点において融合した結果、大きくかつひそかな自信とともに一遍と名乗るようになったのではないだろうか。つまり、一遍の名称そのものが、融通念仏と西山義の融合した念仏思想に立脚したものであるといえる。そのためであろう、『一遍聖絵』第十二は、一遍の終焉の場面では、以下のように「融通念仏」の語が用いられているのを認める。

六十万人の融通念仏は同日播磨の淡河殿と申す女房の参（り）てうけたてまつりしぞかぎりにて侍（り）し　凡（そ）十六年があひだ目録にいる人数二十五億一千七百廿四人なり　其（の）余の結縁衆《けちえんしゅ》は齢須もかぞへがたく竹帛《ちくはく》もしるしがたきものなり

（『宗典』下巻・三九二頁上）

これは、一遍が最後まで六十万人、つまり一切衆生に融通念仏を勧進する聖であったことを物語っている。そして、その結縁した人数を「二十五億一千七百廿四人」と記録している。

さらに、良忍がいわゆる『名帳《みょうちょう》』を用いて念仏勧進していたのに範を仰ぎ、一遍もまたその遊行に同行した末に往生を遂げた時衆の名を、携帯していた『時衆過去帳』（『往古過去帳』）に記載したのではないだろうか。それは、『阿弥陀経』に説かれる「倶会一処《くえいっしょ》」の思想であり、現世でも来世でも互いが称える念仏によって一体であり、その六字名号により互いが一体となることを意味していたのであろう。そして、互いの称える念仏により一体となることから発生した「踊り念仏」も、広義の融通念仏であったと言えよう。

こうした点から見て、一遍は、六字名号への絶対性を見いだし、そのなかに自己の修学した浄土仏教、特に西山義による念仏思想と、念仏聖としての融通念仏に立脚した念仏思想とを併せ認め、かくて、六字名号を弘めていくことを自己にとって何よりも重要なことと考えるに至ったものと思われる。そのため、当初は「融通念仏すゝむる聖」であった一遍が、自らの著作や聖教以外の書籍を焼き捨て、「我が化導《けどう》は一期ばかり」とさえ断言し、およそ時衆を存続させる意志を示さなかったことは、その思想的立場からすれば当然のことではある。

これまで、一遍仏教の特徴として六字名号の絶対性を論じてきた。ここで少し目を転じて、浄土仏教の諸祖が伝統的に名号をどのように論じていたかを見ておきたい。まず第一に、善導が主著『観経疏』散善義に説いた譬喩「二河白道《にがびゃくどう》」である。そもそも二河白道とは、善導が浄土往生を願う衆生のために説いた譬喩である。この二河白道の譬喩は、法然がいわゆる「偏依善導《へんねぜんどう》」の立場によって、どこまでも善導思想に依拠することを主張した結果、日本の浄土仏教へも大きな影響を及ぼしており、寺院における絵解きなどにも用いられている。法然は、この譬喩をその主著『選択集』第八章で引用している。

既に述べたが、文永八年（一二七一）の春、一遍は、信州善光寺へ参詣し、善導の己証の法門と見た二河白道を自己の奉ずべき本尊として絵画化し、同年秋には、伊予の窪寺に閑室を作り、その東の壁にこの二尊の本尊を掛け、人と交わることなくひとりで仏に仕え、すべてを投げ捨ててもっぱら念仏三昧の日々を送っていた。したがって、一遍の思想形成に際して、二河白道には重要な要素が内在しているのである。

この譬喩のあらましは、およそ以下のとおりである――ひとりの旅人が西に向かって、百里も千里もある道を歩いていこうと思っていると、突然、その道のなかほどに、二つの河が立ち現れた。一方は火の河で南側にあり、もう一方は水の河で北側にある。二つの河の幅の広さは、それぞれ百歩ほどであるが、深くて底がなく、南と北の長さはどこまであるのか、およそ限りがない。ところが、間違いなく水の河と火の河の中間に一筋の白い道があって、その幅は僅か四、五寸（十四、十五センチメートル）ばかりであろうか。この道は東の岸から西の岸まで、長さが百歩ほどもある。水の河の波浪はうち寄せては返し、道を越えてはぬらし、火の河の炎もまた、吹き寄せては道を焼いている。水と火がこもごもお互いに道に寄せてやむときがない。この人はすでにはるかに広漠としたところにやってきて、求めるべき人にもまだ会うことができない。しかも、その人をめぐって、群れをなす盗賊や、害を及ぼそうとする猛獣たちだけが多くいて、この人がただひとりでいるのを見て、互いに争い張り合ってやってきては、殺そうとしている。この人は死の前に立たされることに恐れおののいて、ただ真一文字に西に向かって走ってくると、突然この大河が横たわっているのに出会ったというのである。そこですぐに考えた。この二つの河は南北にのびていて、その端すら見ることができないほど果てしない。しかし、この二つの河の中間に一筋の白い小道が見えるが、非常に狭小である。こちらの岸と向こう岸は、それほど遠くはないが、どのようにして行くことができるだろうか。かならず今日死ぬということは間違いない。もとに戻ろうとすれば、群れをなした盗賊や害を及ぼそうとする猛獣たちがだんだんと迫ってくる。それではと、南か北に避けて走ろうとすれば、害を及ぼそうとする猛獣や毒虫が、私の方に向かってやってくる。それではと、西に向かって道を探し求めて去っていこうとすれば、おそらくこの水と火の二つの河のどちらかにおちてしまうであろう。このようなときに、ここにいる者の恐れおののきは、言語を絶している。そこで旅人は再度よくよく考え直した。「私はいま、もとに戻っても死ぬことになるであろうし、ここにとどまっていても死ぬことになるだろうし、ほかに行っても死ぬことになるであろう。どれ一つとして死を免れることができない以上は、私はむしろこの一筋の白い道を求めてひたすらに前に向かって行こう。すでにこの道が存在しているからには、かならず渡り切ることができるはずである」と。こう考え直したとき、東西両岸からそれぞれに次のような声を聞かされたのである。

仁者、但決定してこの道を尋ねて行け、必ず死の難無けん。若し住せば即ち死なむ。又、西岸の上に人ありて喚ばって言わく、汝一心正念に直《ただち》に来《きた》れ。我能く汝を護らむ。衆《すべ》て水火《すいか》の難に堕つることを畏れざれ。此の人既に此《ここ》に遣り、彼《かしこ》に喚ぶを聞きて、即ち自ら身心に当って、決定《けつじょう》して道を尋ねて、直に進み、疑怯退心《ぎこたいしん》を生ぜず。
（原漢文『浄土宗全書』第二巻・六〇頁）

すなわち、東の岸から、「汝はただ心を決めて、この道をまっすぐ求めて行け。かならずや死の恐れはない。もしも、そこにとどまっていれば、すぐに死んでしまうであろう」と勧める人の声を聞いた。また、西の岸の上に人がいて、目をさますように呼びかけて、「汝、一心に心をかけて、すぐに来たれ。私はよく汝を守ろう。すべての水と火の災難に落ちることを恐れてはいけない」という。この旅人は、こちらから行かせようとする声を聞き、かつは向こうから呼んでいる声をも聞いて、身も心も納得して、心をきめて道を求め、疑いの念やひるむ心をおこすことなく、まっすぐ進んで行った。

ここでいう火の河は、南に在って瞋憎《しんぞう》を、一方、水の河は北に在って貪愛《とんない》を、それぞれ表現している。そして、白道《びゃくどう》は、清らかな浄土に往生したいと願う心をおこすことに譬えている。東の岸は、此岸《しがん》であり娑婆世界を意味し、白道を行くよう勧める声の主は発遣教主《ほっけんきょうしゅ》の釈迦である。その対岸である西の岸は、彼岸であり極楽世界を意味し、呼ぶ声は来迎引接《らいこういんじょう》の阿弥陀仏である。それは、浄土往生を願う者が信心堅固のうちに、外から来る誤った思想に染まることを防ぐためであり、念仏を称えながら此岸である娑婆世界から、彼岸である極楽世界へと白道を渡って到達した時点を往生と捉えているのである。

さて、一遍自身のこの譬喩に対する解釈はどうであろうか。『語録』下巻・門人伝説二十二には次のようにある。

又云（く）『中路の白道は南無阿弥陀仏なり。水火の二河は我等が心なり。二河にをかされぬは名号なり。』（『宗典』上巻・二九頁上）

この中路の白道とは南無阿弥陀仏であり、両側の水と火の河は我が人の心である、と述べている。一遍の解釈は、白道そのものが南無阿弥陀仏の六字名号である、と説いている。それは、名号が無生であり、名号即ち往生であることから白道に一歩足を踏み入れたその時点、つまり念仏を称えたその時点を往生と捉えている。この一遍の解釈は、一遍自身の名号観を如実に表現し、なお且つ西山義を超越した思想の表れと言えよう。

念仏による救済構造

ここでは一遍仏教において念仏による救済とはどのように構成されていたのであろうか。その構造について、まず、こんにちに伝えられた法語から探っておきたい。門人による伝聞や筆録ではなく、たとい伝写の途中での何らかの誤写があったにせよ、一遍自身の手になる成文化された教理であるという点がすこぶる重要である。

例えば『語録』巻上「土御門入道前内大臣殿より、出離生死の趣、御尋に付て御返事」では、

他力称名は不思議の一行なり。弥陀超世の本願は凡夫出離の直道《じきどう》なり。諸仏深智のおよぶところにあらず。況（ん）や三乗浅智の心をもてうかゞはんや。唯、諸教の得道を耳にとゞめず、本願の名号を口にとなへて、称名の外《ほか》に我（が）心をもちひざるを、無疑無慮、乗彼願力、定得往生といふ。南無阿弥陀仏ととなへて、わが心のなくなるを、臨終正念といふ。此時、仏の来迎に預《あづか》（り）て極楽に往生するを、念仏往生といふなり。南無阿弥陀仏。

（『宗典』上巻・七頁下―八頁上）

とある。この法語の主旨は、以下のとおり――他力称名の道は、凡夫の思いも及ばない唯一の修行方法である。弥陀の世を超えた本願は、凡夫が生死の苦海から逃れでるための正しい

道である。諸仏の深い智慧も及ぶところではない。三乗（声聞・縁覚・菩薩）は言うまでもなく、まして凡夫の浅はかな智慧でうかがうことができようか。他の諸々の教えによる悟りを耳に留めないで、ただ本願の名号を口に称えて、称名念仏の外に我執の心を用いないことを、善導は『観経疏』散善義で「疑いなく、慮《おもんぱか》りなく、彼の仏の願力《がんりき》に乗じて必ず往生を得る」という。南無阿弥陀仏と称えて我執の心がなくなるのを臨終正念という。このとき仏の来迎をいただいて極楽に往生することを、念仏往生という。

また、『語録』上巻「頭（の）弁殿より、念仏の安心尋たまひけるに、書（き）て示したまふ御返事」では、

念仏往生とは、我等衆生、無始以来、十悪五逆四重《しじゅう》謗法闡提《せんだい》破戒破見等の無量無数の大罪を成就せり。これによって、未来無窮の生死に輪廻して、六道四生二十五有《ししょうにじゅうごう》の間、諸《もろもろ》の大苦悩を受（く）べきものなり。しかりといへども、法蔵比丘、五劫《ごこう》思惟の智慧、名号不思議の法をさとり得て、凡夫往生の本願とせり。此願すでに十劫已前に成就せし時、十方衆生の往生の業は南無阿弥陀仏と決定《けつじょう》す。此覚体、阿弥陀仏という名にあらはれぬるうへは、厭離穢土欣求浄土のこゝろざしあらん人は、我が機の信不信、浄不浄、有罪無罪《うざいむざい》を論ぜず、たゞかゝる不思議の名号をきゝ得たるをよろこびとして、南無阿弥陀仏をとなへて息たえ命をはらん時、必（ず）聖衆の来迎に預（り）て、無生法忍

にかなふべきなり。是を念仏往生といふなり。

南無阿弥陀仏。　一遍

九月朔日

弁殿

（『宗典』上巻・八頁上）

とある。この法語の主旨は、以下のとおり――念仏往生とは、我ら衆生がずっと昔から、十悪・五逆・四重（十悪のうち初めの四者。殺生・偸盗・邪婬・妄語を指す）・謗法・闡提・破戒・破見等の数え切れない大きな罪を作ってきた。この罪によって、未来永劫にわたり生死をくり返し、六道・四生・二十五有の世界で諸々の苦を受ける。しかしながら、法蔵比丘は五劫もの間、思いを巡らせた智慧によって名号不思議の教えをさとり得て、凡夫往生の本願とした。この誓願がすでに十劫以前に成就したとき、十方衆生の往生の行は南無阿弥陀仏と決定したのである。このさとりの本体が阿弥陀仏という名前に現れた以上は、厭離穢土欣求浄土の志ある人は、自身の信不信、浄不浄、有罪無罪を論ずることなく、ただ、このような不思議な名号の功徳を聞くこと（知ること）ができたことを喜び、南無阿弥陀仏と称えて、やがて息絶えて命終わるとき、必ず聖衆《しょうじゅ》の来迎に預かって、極楽往生を遂げるはずである。このことを念仏往生というのである。

ここでいささか蛇足となるが、文末に記された「南無阿弥陀仏」の名号であるが、一遍以来時衆では書止めに名号を書くのが通例である。これは、一般の書例には見られない特有の書式とされている。

さらに、『語録』巻上「結縁したまふ殿上人に書（き）てしめしたまふ御法語」では、

> 現世《げんぜ》の結縁は後生の為（め）にて候へば、浄土の再会疑（ひ）有（る）べからず候。名号の外《ほか》に機法なく、名号の外に往生なし。一切万法《いっさいまんぽう》はみな名号体内の徳なり。然ればすなはち、南無阿弥陀仏と息たゆる処《ところ》に、得無生忍なりと領解《りょうげ》する一念を、臨終正念とは申（す）なり。是則《これすなは》（ち）十劫正覚の一念なり。
>
> 南無阿弥陀仏。
>
> （『宗典』上巻・八頁上）

とある。この法語の主旨は、以下のとおり——この世での結縁は往生を遂げた後のためであるので、極楽世界での再会は全く疑いのないことである。臨終正念することは南無阿弥陀仏の名号の外に仏も衆生もなく、往生もなく全ての法は、六字名号の中に摂取されているのであり、その真理を悟ったことを知る一念のことを臨終正念と言うのであるとし、このことが十劫正覚の一念である。

さらに、『語録』上巻「或人、念仏の法門を尋《たづ》（ね）申《まをし》けるに、書（き）てしめしたまふ

御法語」では、

念仏往生とは、念仏即（ち）往生なり。南無とは能帰の心、阿弥陀仏とは所帰の行、心行相応する一念を往生といふ。南無阿弥陀仏と唱へて後、我（が）心の善悪是非を論ぜず、後念の心をもちひざるを、信心決定《しんじんけつじょう》の行者とは申（す）なり。只今の称名のほかに臨終有（る）べからず。唯南無阿弥陀仏なむあみだ仏ととなへて、命終するを期《ご》とすべし。

南無阿弥陀仏。

（『宗典』上巻・九頁下）

とある。この法語の主旨は、以下のとおり——念仏往生とは、念仏がそのまま往生である。南無とは衆生の帰依する心、阿弥陀仏とは帰依される仏の称名で、衆生の帰命《きみょう》の心と仏の起行が名号において一致融合するのを往生という。南無阿弥陀仏と称えて、自分の心の善悪是非を問わず、次のことを考えないのを、信心が定まった行者というのである。この念仏の他に臨終はあるはずがない。ただ南無阿弥陀仏なむあみだ仏と称えて、命が終わるのを往生として待ちうけるべきである。

次に、一連の「門人伝説」に散見される、念仏による救済観を見ていこう。まず『語録』

下巻・二十五では以下のとおりである。

又云(く)『決定往生の信たゝずとて人ごとに歎くはいはれなき事なり。凡夫のこゝろには決定《けつじょう》なし。決定は名号なり。しかれば決定往生の信たゝずとも、口にまかせて称せば往生すべし。是故《このゆゑ》に往生は心によらず。名号によりて往生するなり。決定の信をたてゝ往生すべしといはゞ、猶(ほ)心品《しんぼん》にかへるなり。我がこゝろを打(ち)すてゝ、一向に名号によりて往生すと意得《こころう》れば、をのづから又決定の心はおこるなり。』

(『宗典』上巻・二九頁上)

一遍によれば、西方極楽世界に往生する信心が立とうと立つまいと、凡夫である衆生の側には「凡夫の心には決定がない」のである。これは、西方極楽世界に往生を決定する手がかりは衆生の側にはなく、まして「自力我執」によるものでもない。それは、凡夫たる衆生が西方極楽世界への往生に関して唯「決定は名号なり」というのである。このことには、南無阿弥陀仏の六字名号のなかに往生の全てが決定しているからだという。

以上に引用した法語から一遍は、法蔵菩薩が正覚し阿弥陀仏に成仏した時点と衆生の西方極楽世界への往生との両方が成就した時点こそが実に十劫の昔であり、このことを可能にしたのは、南無阿弥陀仏の六字名号である。そのため衆生の往生は、十劫の昔すでに決定している、と考えていることが、明瞭に看取できよう。六字名号のうちに衆生の往生は、既に決《けつ》定《じょう》しているため、六字名号を称えるだけで衆生の往生が可能である。このことから西山義に立脚した一遍仏教は、六字名号そのものに絶対性が備わると強調する独自の思想を展開しているといえよう。

では、次に一遍仏教において臨終と平生とをどのようにとらえていたのであろうか。『語録』下巻・五十二では以下のとおりである。

又云（く）『往生は初（め）の一念なり。初（め）の一念といふも、なを機に付（き）ていふなり。南無阿弥陀仏はもとより往生なり。往生といふは無生なり。此法に遇ふ所をしばらく一念といふなり。三世截断の名号に帰入しぬれば、無始無終の往生なり。臨終平生と分別するも、妄分の機に就（き）て談ずる法門なり。南無阿弥陀仏には、臨終もなく、平生もなし。三世常恒《さんぜじょうごう》の法なり。出（づ）る息いる息をまたざる故に、当体の一念を臨終とさだむるなり。しかれば念々臨終なり、念々往生なり。故に「回心念々生安楽」と釈せり。おほよそ仏法は、当体一念の外《ほか》には談ぜざるなり。三世すなはち一念なり。』

（『宗典』上巻・三二頁下）

この法語から知られる一遍の往生観は、おおよそ以下のとおりである——はじめに称えた南無阿弥陀仏の六字名号がもとより往生そのもの（無生）であるから往生は、生死《しょうじ》の迷いのない世界である。過去・現在・未来の時間の流れを断ち切り、その時を超越した六字名号に帰入してしまうと、始めも終わりもない永遠の往生であるとし、六字名号には、臨終と平生の別がなく、三世常恒の法門であるため、ただ今の一念を臨終と考えている。そのため、一遍は、一念一念に往生がある。つまり、「当体の一念」が永遠の今にあるのである。

また、『語録』下巻・七十八では以下のとおりである。

又云（く）『臨終念仏の事。皆人の死苦病苦に責（め）られて、臨終に念仏せでやあらむずらむとおもへるは、是《これ》いはれなき事なり。念仏をわが申（し）がほに、かねて臨終を疑ふなり。既《すで》（に）念仏申（す）も仏の護念力なり。臨終正念なるも、仏の加祐力なり。往生にをいては、一切の功能《くのう》、皆もて仏力法力《ぶつりきほうりき》なり。たゞ今の念仏の外《ほか》に、臨終の念仏なし。臨終即（ち）平生なり。前念は平生となり、後念は臨終と取（る）なり。故に「恒願《ごうがん》一切臨終時」と云（ふ）なり。只今、念仏申されぬ者が、臨終にはえ申さぬなり。遠く臨終の沙汰をせずして、能々《よくよく》恒に念仏申（す）べきなり。』

（『宗典』上巻・三五頁上）

この法語の主旨は、以下のとおり——臨終念仏に関していえば、念仏を称えるのは、阿弥陀仏の加護があるからだといい、そして往生は、六字名号の力によるといい、ただ今称える念仏の外に、臨終の念仏があるわけではないとする。臨終とは即ち平生のことである。普段称えている一念一念の念仏の前の念仏は、平生の念仏となり、後の念仏が臨終の念仏となるのである。一遍は、「当体の一念を臨終とさだむるなり」（前出「門人伝説」五十二）、あるいは、「只今の称名のほかに臨終有るべからず」（前出「或人、念仏の法門を……御法語」）とも述べているように、一念一念つまり念々の称名に往生の時点を見いだしているのである。一遍はさきに掲げた門人伝説七十八の中で、「ただ今の念仏の外に、臨終の念仏なし。臨終即平生なり。前念は平生となり、後念は臨終と取なり」とも述べているが、これはつまり、一遍にとって六字名号は、平生・臨終をも超越した絶対的な存在であり、名号即（ち）往生であるため、平生・臨終という区別はなく、只今往生するとしていたことを示しているのである。

一遍は前出の「門人伝説」七十八にあって、「念仏を称えるのは阿弥陀仏の加護があるからだ」といい、「往生は名号の力によるものであり、ただ今称える念仏の外に臨終の念仏があるわけではない、つまり、臨終とは即平生のことである」とも述べている。ここには、唯今称える念仏を臨終の念仏として称えていけば、その念仏が平生の念仏となり、次に称える念仏は臨終の念仏となる、という一遍仏教の特徴が示されている。

さて、最後になるが一遍は六字名号のどこに力点をおいていたのか。この点、『語録』下巻・五十には、

又云（く）『南無は始覚の機、阿弥陀仏は本覚の法なり。しかれば始本不二の南無阿弥陀仏なり。』（『宗典』上巻・三二頁下）

とある。しかし、この法語の原型である『播州法語集』七十三を紐解くと、そこには、

又云（く）阿弥陀仏の四字は本願にあらず。南無が本願なり。南無は始覚の機、阿弥陀仏は本覚の法なり。然（れ）ば始本不二の南無阿弥陀仏也。称すれば頓に迷悟をはなるゝなり。（『宗典』上巻・六三頁下）

と冒頭にやや増補された形を示している。この一段の主旨は、以下のとおりである――六字名号のうち、阿弥陀仏の四字が本願ではない。南無が本願である。なぜならば、南無とは始覚の機であり、阿弥陀仏とは本覚の法である。そのため、始覚と本覚、衆生と仏が一体であるのが南無阿弥陀仏である。称えればすぐに迷悟の分別がなくなるのである、と。

両者間の本文の差異は『語録』を編集した俊鳳妙瑞による意図的な改ざん（前後にあった要句を削除）である、ということがうかがえる。一遍の本意をより忠実に伝える『播州法語集』七十三を虚心に読めば、一遍仏教の特徴は、阿弥陀仏を本願と頼むのではなく、頼むべきはあくまでも南無であり、これこそが実に南無阿弥陀仏そのものである、ということがいえるのである。

4　捨ててこそ——その先にある救済

さて、最後に一遍仏教の特色として代表的な「捨てる」思想について論じたい。『聖絵』でも「捨て聖」と称されていることから同時代に人々にはそのように認知されていたのであろう。しかし、現代においては、この捨てる思想を誤解し、世俗のいわゆる断捨離と同一視することもしばしばである。ならば一遍仏教の捨てる思想とは本来いかなるものであったのだろうか。ここで概観しておきたい。

まず、『語録』下巻・四十四には次のように述べられている。

又云（く）『念仏の機に三品あり。上根は、妻子を帯し家に在（り）ながら、著《じゃく》せずして往生す。中根は、妻子をすつるといへども、住処と衣食とを帯して、著せずして往生す。下根は、万事を捨離して往生す。我等は下根のものなれば、一切を捨（て）ずは、定（ん）て臨終に諸事に著して往生をし損ずべきなりと想ふ故に、かくのごとく行ずるなり。よく〳〵心に思量すべし。こゝに、ある人問（ひ）て曰く「大経の三輩は上輩を捨家《しゃけ》棄《き》欲《よく》ととけり。今の御義には相違せり如何」。答（へ）てのたまはく、「一切の仏法は心品《しんぼん》を沙汰す。外相《げそう》をいはず。心品の捨家棄欲して無著なる事を上輩と説《と》（け）り」。』

（傍線は筆者による。『宗典』上巻・三〇頁下―三一頁上）

この法語では、念仏する人は三品《さんぼん》に分けられる、としている。この三品（或いは三輩、根ともいう）は、ランクを表している。上根《じょうこん》とは、上級の念仏者を指している。具体的には、在俗であり家庭がありながらも執着心が無く往生する人を指している。（例えば親鸞、聖達などを想起されたい）。中根《ちゅうこん》とは、中級の念仏者を指している。具体的には住居（或いは寺院）があり、衣食に困ることなく独身で往生できる人を指している（例えば法然、證空などを想起されたい）。そして下根《げこん》とは、衣食住、家族など一切を捨てて初めて往生ができる人びとを指す。

一遍は、自己を下根と意識しつつ、徹底して執着から離れて生きようとする意志を示している。また、とある人から、「『無量寿経』では上輩こそ捨家棄欲、無著の人と言っているのに、一遍の説はまるで反対ではないか？」と指摘されたが、それに対し一遍は、「全ての仏法は、心のあり方を論議するものであり、外的な条件よりも、内面的な問題の方が大切である」と述べている。

次に、やや長文の引用となるが、『語録』上巻所収の法語「興願僧都、念仏の安心を尋（ね）申されけるに、書（き）てしめしたまふ御返事」を読むと、一遍仏教における「捨てる」の意義を窺い見ることができる。

> 夫《そ》（れ）、念仏の行者用心のこと、しめすべきよし承《うけたてまつ》（り）候。南無阿弥陀仏とまうす外《ほか》、さらに用心もなく、此外《このほか》に又示（す）べき安心《あんじん》もなし。諸《もろもろ》の智者達の様々に立（て）をかるゝ法要どもの侍るも、皆諸惑に対したる仮初《かりそめ》の要文《ようもん》なり。されば、念仏の行者は、かようの事をも打（ち）捨（て）て念仏すべし。むかし、空也上人へ、ある人、念仏はいかゞ申（す）べきやと問（ひ）ければ、「捨（て）てゝこそ」とばかりにて、なにとも仰《おほ》（せ）られずと、西行法師の撰集抄に載（せ）られたり。是《これ》誠に金言なり。念仏の行者は智慧をも愚痴をも捨（て）、善悪の境界をもすて、貴《き》賤高下《せんこうげ》の道理をもすて、地獄をおそるゝ心をもすて、極楽を願ふ心をもすて、又諸宗の悟をもすて、一切の事をすてゝ申（す）念仏こそ、弥陀超世の本願にはかなひ候へ。かやうに打（ち）あげ打（ち）あげとなふれば、仏もなく我もなく、まして此内に兎角の道理もなし。善悪《ぜんまく》の境界《きょうがい》、皆浄土なり。外に求《もとむ》べからず、厭《いとう》べからず。よろづ生（き）としいけるもの、山河草木、ふく風たつ浪の音までも、念仏ならずといふことなし。人ばかり超世の願に預

（る）にあらず。またかくのごとく愚老が申（す）事も意得《こころえ》にくゝ候はゞ、意得にくきにまかせて愚老が申（す）事をも打（ち）捨（て）、何ともかともあてがひはからずして、本願に任（せ）て念仏したまふべし。念仏は安心して申（す）も、安心せずして申（す）も、他力超世の本願にたがふ事なし。弥陀の本願に（は）欠（け）たる事もなく、あまれることもなし。此外にさのみ何事をか用心して申（す）べき。たゞ愚なる者の心に立（ち）かへりて念仏したまふべし。

南無阿弥陀仏　　　　　　　　　　一遍

興願僧都

（傍線は筆者による。『宗典』上巻・八頁下―九頁上）

この消息法語は、念仏の要点について興願僧都からの質問に対して一遍が答えたものである。因みに、この興願僧都の人物像について、詳細は未詳である。

この法語の主旨はおよそ以下のとおり――念仏を称える者が、何を心掛ければいいのかという質問を受けた。南無阿弥陀仏と称える他になんの心すべきこともなく、この他に付け加えるべき教えも深い訳も無い。いろいろと諸の先師が述べ立てている念仏の教えもありますが、すべて何かしらの疑問についての仮初《かりそ》めの教えである。だから、念仏の行者は、一切惑わされずに、ただ念仏すべきである。「昔、空也上人へ、ある人が〈念仏はどのように心得て称えるべきか〉と尋ねたところ、〈捨ててこそ〉とだけおっしゃった」と西行法師の『撰集抄』（伝西行著、ただし、この法語の引用は見られない）には載せられている。これはまことにすばらしい言葉である。念仏の行者は、智慧も迷いも捨てて、世俗の善悪の世界にもかかわらず、いわゆる貴賤高下といった身分にもとらわれず、地獄を恐れる心も捨て、極楽を願う心も捨て、さらに浄土仏教を始めとする仏教の教えをさえも捨て、一切のことを捨てて申す念仏こそが、阿弥陀仏の本願にかなうのである。このように声を打ち上げ打ち上げ念仏を称えていると、我も仏もなくなり、念仏に包まれてこの世を超越したところに浄土が出現するのである。念仏以外に浄土を求めてはならない。およそ生きとし生けるもの、さらに山河草木、吹く風立浪の音までも、念仏の境界でないものはない。だから、人類ばかりが阿弥陀仏の本願によって救われるのではない。また、このように愚僧が申すことも、納得し難いのであれば、興願僧都には納得できなくとも、愚僧が申すことも捨てて、何かに当てはめることなく、本願にまかせて念仏を称えるべきである。念仏は安心があって申すのも、安心がなくて申すのも、どちらも阿弥陀仏の本願に背くことではない。それは、阿弥陀仏の本願に欠けていることもなく、余計なこともない。もうこの他に、何をかくかく心すべしと言うべきことがあろうか。ただ、愚かな者の心になりきって念仏すべきである、と。

この法語の場合もそうであるが、一遍の主張する「捨てる」ということは、一切を放棄することであり、言うなれば念仏のうちにあって無となるということである。すべてを南無阿弥陀仏にまかせ切ることこそが一遍のいう「捨てる」ということになる。つまり、単に物質的なものや、自己にとって無駄なものなどを捨てる断捨離とは全く違う次元のものなのである。

また、この法語の中で、一遍は浄土についても説いている。およそ法然以降の浄土仏教の基本的な教義として、浄土とは指方立相《しほうりっそう》であり、西方過十万億仏土《さいほうかじゅうまんのくぶつど》の遠きにあるのと同時に、去此不遠《こしふおん》でもある。右に引いた法語にいわゆる「善悪の境界、皆浄土なり」ということは、心が六字名号に帰入すれば穢土がそのまま浄土になる、ということにほかならない。しかし、これは単なる己心浄土《こしんじょうど》（非浄土教諸宗で説かれる）を説くものではない、ということに留意しなければならない。あくまでも六字名号によってこの現実世界を超越したところに浄土の世界をつくる、ということを意味している。この点も一遍仏教の特徴と言えよう。決して浄土仏教の通軌を逸してはいないのである。

第四章

時衆から時宗へ

一遍はひとりの聖としてその生涯を貫いた。当然、教団を形成し存続する意思もあろうはずがない。その意思を端的に表現したものが『聖絵』第十一にいわゆる「一代聖教みなつきて南無阿弥陀仏になりはてぬ」《釈尊一代の教えを突きつめていくと凡夫が救われる教えは、ただ南無阿弥陀仏になるのだ》であろう（『宗典』下巻・三九〇頁上）。しかし、現に一遍は、日本仏教十三宗派（明治期以来の伝統仏教宗派の概数）のひとつ「時宗」の宗祖として仰がれている。この章では、一遍入滅後の動向として教団を確立した二祖他阿真教と、時宗教学を大成した七祖他阿託何とについて概観したい。

1 時衆と時宗

まず、一遍と遊行を共にした集団「時衆」についてであるが、中世にあっては「時衆《じしゅ》」と表記され、近世以降は「時宗《じしゅう》」と表記されている。その区別は単なる表記の相違では無く、明らかにその歴史的概念をも異にしていることに因る。

そもそも時衆の語源の典拠としては善導『観経疏』玄義分「道俗時衆等各発無上心」があげられ、これは近世の時宗教団においても語源の典拠とされている。日本中世史料では『額安寺文書』『私聚百因縁集』『平家物語』『黒谷源空上人伝』『妻鏡』『平戸記』『師守記』『満済准后日記』『太平記』などから、「時衆」の用例が見出せる。その内容から、「時衆」について林譲氏は「特別・臨時に組織された専門的な僧侶や俗人が昼夜六時において称名念仏や光明真言などの行法を執行し、葬送などに携わる集団、及びそれを分担する者などを意味した一般名詞的な名称であったもの」と概念規定している。それゆえに、後代に至って遊行派ほか時宗教団の主要部分を構成する人々ばかりでなく、広くは融通念仏や空也伝承、各種の神祇信仰・熊野信仰・善光寺信仰や高野山などに所属する聖の系統までをも含む、実に多岐にわたったものであったと言えよう。そのため、一遍在世中にも「時衆」を称する集団はほかにも存在した。とりわけ、一向俊聖（一二三九―一二八七）の率いたそれは特に名高い。

近世に入り、一遍を宗祖とした時宗が誕生し、現在に至っている。この宗派の成立過程は、以上に見るがごとく、宗祖やその高弟（他阿真教）の在世時にはまだ他宗派ほどには明確な形態を持たなかった、という点で、かなり特異なものであったと言えよう。

では時宗の初出はいつであろうか。『大乗院寺社雑事記』「長禄四年（一四六〇）若宮祭田楽頭記」六月一四日条に見える「持《ママ》宗道場」とされる。誤記があるのがやや遺憾であるが、「持《ママ》」が「時」に作《な》るべきことは自明であり、我々はむしろ「宗」の字にこそ重きを置くべきであろう。寛永八年（一六三一）九月、江戸幕府から諸宗派に「末寺帳」の提出を求められ、時宗にあっては、寛永十三年（一六三六）三月、藤沢道場清浄光寺が『時宗藤沢遊行末寺帳』を提出し、時宗の諸派を抑えて総本山としての地位を確立した。ここにいわゆる諸派とは「時宗十二派」をいい、その初出は元禄十年（一六九七）に浅草日輪寺其阿吞了（一六五六―一七一一、のちの遊行四十八代他阿賦国）が著した『時宗要略譜』である。『時宗要略譜』には「惣而時宗有十二派」とあるが（『宗典』下巻・一三三頁上）、実は同時代に全て存在したものではない。例えば、奥谷《おくたに》派は既に託何の時代に、つまり、南北朝時代初期に遊行派に帰入している。また、六条派も右記『時宗要略譜』が撰述された当時、既に遊行派に組み入れられている。宗祖とそれぞれの派祖（仙阿・聖戒）との血縁や地縁の深さが、遊行派に編入される主因をなしたと言えなくもあるまい。一向派・天童派は、浄土宗三祖良忠の弟子である一向俊聖（前出）を祖としているように、時宗宗祖として位置づけられた一遍とは明らかに異系統である。熊野・伊勢信仰と結びついた霊山《りょうぜん》派・国阿派や、善光寺信仰の結びつきを想起する解意派《げいは》・御影堂派《みえいどうは》などが含まれている。おそらく、遊行四代他阿呑海（他阿真教の弟子、宗祖の孫弟子）を開山とする藤沢道場清浄光寺を中心とする時宗遊行派が、江戸幕府の仏教教団統制策の一環として行われた政策を推進し、十二光仏に準《なぞら》え組織的に構築されたのであろう。

2　教団の確立者・他阿真教の生涯

さて、一遍入滅後、同行していた時衆の動向であるが『聖絵』第十二では以下のとおりである。

さても八月二日の遺誡のごとく時衆ならびに結縁衆の中にまへの海に身をなぐるもの七人なり。身をすてゝ知識をしたふ心ざし、半座の契、同生の縁、あにむなしからむや
（『宗典』下巻・三九二頁上）

このように、兵庫の海に入水往生を遂げたものがいたのである。おそらく彼らには、一遍とともに往生しようとする意志とともに、聖として最後の修行を遂げるという目的も含まれていたのであろう。また、伊予（現、愛媛県）で道場を建立した仙阿弥陀仏（奥谷派派祖）のように地方で教化するものや、聖戒（六条派派祖）のように京都を中心に活動するものもいた。そのなかでも注目すべきは、一遍の最初の同行であり、十二年間にわたり遊行を共にした他阿真教の生涯である。その概要を『縁起絵』から眺めてゆこう。

他阿真教は、一遍の往生を見届けてのち、当初は教団構築の意向はなく、それどころか、師の後を慕って往生を遂げようとさえ考えていた。すなわち『縁起絵』第五巻に次のような叙述を認める。

さて遺弟等知識にをくれたてまつりぬるうへは速に念仏して臨終すべしとて丹生山へわけ入（り）ぬ（中略）又此（の）山のふもと粟河といふ所の領主なる人　まうでゝ念仏うけたてまつらむと申（し）けるを　他阿弥陀仏曰（く）　聖は已《すで》に臨終し給（ひ）

> ぬ　われらはいまだ利益衆生にむかひたらばこそと仰せられけるをかやうに縁をむすび奉（る）べきものゝ侍る上は　只給（は）らむと頻に所望しける間始て念仏の算を給（ひ）ぬ　此（の）堂を極楽浄土寺といひける所から不思議にぞ侍る　さて如此仏導ありぬべからんには徒に死（し）ても何の詮かあるべき　故聖の金言も耳の底に留り侍れば化度《けど》利生《りしょう》し給（ふ）にこそとて他阿弥陀仏を知識として立（ち）出（で）にけり
>
> （『宗典』下巻・四一三頁上）

すなわち、他阿真教は、数人の時衆とともに兵庫観音堂から北西の方角にあたる丹生山（現、神戸市北区）へ向かった。そして当初はその地で念仏を称えながら臨終を迎え一遍の後を追うと決心したのである。そこでは、山を越えながらも一遍を慕い、涙を流しつつ過ごしていたのである。偶然なのか、山中に寺院跡があり、そこで他阿真教たちが念仏を称えていると、様々な人々が現れ、結縁していたようである。「丹生山」という地名自体、高野山における丹生川に同じく、水銀の産地として、相当に古くから開発され、寺社が建立されていたことであろう。今後の考古学的研究の進展により、一層の史実究明がなされることに期待したい。その分け入った丹生山の麓には、栗河（淡河とも、現、神戸市北区の北西部周辺）という地域があり、ある日、そこの栗河領主（北条時俊を推定）が他阿真教のもとを訪れ、念仏札を授けてほしいと懇願してきたのである。なぜ、この領主が他阿真教のもとを訪ねてきたのであろうか。それは、この粟河領主の夫人が兵庫観音堂で一遍から最後に念仏札を授けられ、結縁していたからである。この領主の懇願を他阿真教は当初拒否するが、その領主からの熱意に押され、自らが所持していた一遍の念仏札を渡したのである。

他阿真教は、この領主のように一遍の念仏の教えを必要とする人々がほかにもたくさんいることを知り、かくて一遍の後を追うことを思いとどまったのである。そして、衆生済度のため、一遍の念仏の教えを伝道するために、他阿真教は、時衆を再編成し遊行の旅に出たのである。

もとより、『縁起絵』の制作過程には教団確立という意図的な背景はあるものの、集団の形成、存続の意思がなかった一遍から、その集団の後継者となった他阿真教へと法灯が継承されたものと見なされた。その様子を暗示させる一コマが『縁起絵』第四には次のように記されている。

> 一念発心もせぬ人共《ひとども》のとて、他阿弥陀仏、南無阿弥陀仏はうれしきか、との給（ひ）ければ、やがて他阿弥陀仏落涙し給（ふ）。上人もおなじく涙を流（し）給（ひ）けるにこそ。直也人にあらず化導をうけつぐべき人なりと申（し）あひけれ
>
> （『宗典』下巻・四一二頁上）

この臨終間際の場面では、弟子たちが一遍に念仏の極意を尋ねると、「他阿弥陀仏、南無阿弥陀仏はうれしきか」と問うたところ、他阿真教は、何も答えずただ涙を流した。それを見た一遍も涙を流した。周囲の者は、口々に他阿真教こそが一遍の法灯を継ぐに相応しい人物であると話したという。この場面は、一遍が理論でしか念仏を理解せず、いまだ心からは信じていない弟子たちを前にして、十二年もの間、遊行を共にした他阿真教に念仏はうれしいかと問うたところ、うれしさのあまり、ただただ涙を流した。それを見た一遍は他阿真教が心底理解していることを感じて涙を流したのである。この場面は、伝記の性格上、一遍の教えを他阿真教が相承していることを意図しているが、一遍の念仏は、理論ではなく、あくまでも実践であり、それは実に六字名号そのものである、ということを暗示している。

この他阿真教であるが、出自など中世までさかのぼる史料はなく、詳細は未詳である。そのため、生国は「豊後」「洛陽」説や浄土宗鎮西義修学などの伝承があるものの、『聖絵』『縁起絵』ともに、こうした点については一切触れていない。

そして、他阿真教の道号についてであるが、そもそも道号とは、仏道に入った後の号、僧侶の号を指す。すなわち、僧侶が諱《いみな》（本名）の他につける号であり、具体的には、房号をさし、後には字《あざな》とも言うようになったという。たとえば、一遍は、「一遍」を道号としていた（一遍房智真）が、時衆に付けていた阿弥陀仏号については、自身は付けていない（ただ、文献史料に見られないが、宗門では「自阿弥陀仏」と称したとする伝承がある）。ただし、法語からは、「南無阿弥陀仏」と称していたと推察することができる。しかし、二祖他阿弥陀仏以降の道号については、近世に編纂された系譜史料に記載されるまで不明であった。そのため、現在、二祖他阿弥陀仏は真教、三代他阿弥陀仏は智得、四代他阿弥陀仏は呑海などと道号を使用しているが、中世の史料には、道号は無く全て「他阿弥陀仏」のみであり、他の時衆も同様に、男僧には阿弥陀仏号（阿号）、尼僧には一（弌）房号・仏房号を用いた。

上人所持の過去帳である『藤沢山過去帳』に遊行上人の道号が使用された初見は、「遊行四十三代尊真上人（元禄四辛未年／六月六日洛陽　於金光寺示寂）」であり、末寺の住職が道号で記載されている初見は、「常福寺十五代慈照軒覚阿雲察和尚（元禄十丁丑年　南部遠野／五月十四日）」である。いずれも近世元禄期である（順に一六九一・一六九七年）。おそらく、その時代に歴代の遊行上人に道号を附して整備したのではないだろうか。但し、梅谷繁樹氏によれば、永禄元年（一五五八）八月十三日、ときの他阿弥陀仏が北条左衛門大夫へ宛てた書状に、遊行二十九代「躰（体）光」の長方形印があるという。

二祖他阿真教は、一遍に入門する以前に浄土宗鎮西義で修学していたという伝承があることから、彼にも道号が存在していたものと考えられる。それならば、中世の史料に記載されても良さそうなものであるが、『七条文書』などの中世史料には見当たらない。それ以降も何代他阿弥陀仏と記される史料ばかりであり、道号を隠す必要があったのか、そもそも使用していなかったのか。この問題は、今後の新史料の発見に期待するほかはないのであろうか。ひとまず本書では、慣例により他阿真教と表記している。

さて、遊行を再開した他阿真教の動向は、正応三年(一二九〇)夏頃、越前国府(現、福井県越前市)周辺を遊行。丹生山にいた他阿真教が何故、越前国を遊行したのであろうか。その理由について『縁起絵』には記されていないが、「機縁に任せて」とあることから、同地に住まう有力な檀越からの要請があったのかもしれない。また、丹生山から越前丹生へと連なる水銀鉱脈との関係性(運搬をも含む)も想起されるが、いまのところ適切な史料を得られずにいる。この点、今後の課題と言えよう。

他阿真教は越前では惣社へ参詣したものの、在地の既存宗教勢力からの排斥に遭い、一度は加賀国(現、石川県)に逃れた。そして、永仁五年(一二九七)頃には、上野国(現、群馬県)、下野国小山(現、栃木県小山市)周辺を遊行している。この経路については、『縁起絵』は勿論のこと、一遍以来、同行した時衆の僧尼が往生した後、その名を記載した『時衆過去帳』(『往古過去帳』)が現存している。この『時衆過去帳』裏書には一部にそれぞれの地名が記載され、その年号や裏書の地名からある程度は、遊行経路を推定することが可能である。

永仁六年(一二九八)、他阿真教は、武州村岡(現、埼玉県熊谷市)で大病する。他阿真教は、自らの臨終を覚悟したうえで念仏の用心を記した『他阿弥陀仏同行用心大綱』を時衆に示した。この時の病気が原因となり、彫刻や画像に見る他阿真教の特徴的な顔の表情になったという。その病名については、従来は「中風」（脳血管障害の後遺症の場合、痺れやマヒが残る）とされてきたが、現在では「顔面神経痛」ではないかとする説もある。その後、越前から越後にかけて人々を教化した他阿真教は、関山（現、新潟県上越市）より熊坂（現、長野県上水内郡）を越えて信濃（現、長野県）へと遊行。信濃では善光寺に参詣し、内陣での法要を務めたという。

正安三年（一三〇一）頃、一行は越前を遊行し、古来、北陸の総鎮守として信仰されていた角鹿笥飯大神宮（現、福井県敦賀市　氣比神宮）に参詣している。西門前の参道は、沼地（東の入り江）にあるため、長年参詣者が苦労して参詣していたため、他阿真教は、大神宮から四、五百メートル離れた浜の砂を「もっこ」で担ぎ自ら運んでその西門前の参道を改修した。その後、結縁者が周辺諸国から参集し、その様子は市場の賑わいをみせ七日間に及んだという。この事業は、恐らく他阿真教による勧進であろう。そして、大神宮の参道は立派に整備されたのである。その後、一路、伊勢（現、三重県）へ遊行している。

ちなみに、この参道整備は、「遊行のお砂持ち」と呼ばれ、現代においても遊行上人が法灯相続した際の行事として伝承されている。

同じく正安三年の十月頃、他阿真教は時衆とともに北陸の地から伊勢神宮外宮を参拝した。この神域での念仏勧進は前例がなく、神職にある人々は誰一人として結縁しなかったという。政所大夫雅見という人が参拝し帰ろうとしていた時、他阿真教が念仏をすすめているところに遭遇し、その手から金色の光が上下約四十八センチ、左右五十四センチほどの大きさに見え、さらに五色の飾りが珠のように連なって動いているのが見えたという。その不思議な光景を目の当りにした政所大夫雅見は、他阿真教の前に臥して合掌し、十念を受けたのである。このことが契機となり、他阿真教から念仏を受ける者が次々と現れた。また、禰宜《ねぎ》定行は夢の中で阿弥陀仏が多くの聖衆を引き連れ、その後には黒衣の僧侶が数人混じっており、外宮の鳥居を通るのを見て驚き、「誰が参拝されましたか」と問うと、それが他阿真教であったことから帰依したという。その後、他阿真教は内宮に参拝した。二の鳥居で十念を称え下向しようとしたが、内宮一の禰宜から結縁のために日中礼讃の法要を所望されたという。

正安四年（一三〇二）八月十五日、他阿真教は北陸や近江を遊行、小野大明神の結縁など神仏の加護もあり、念仏勧進はますます盛んになったという。そして、摂津兵庫島観音堂（現、兵庫県神戸市兵庫区　時宗真光寺）の一遍の御影堂へと参拝した。他阿真教は、御影堂に安置された一遍像を拝し、その日より七日間の別時念仏会を行い、一遍十三回忌の法要を厳修した。このとき、他阿真教は、周囲に推されて調声役を正応六年（一二九三）〔永仁六年（一二九八）説もある〕の大病以来勤めたという。

嘉元元年（一三〇三）十二月、他阿真教は、関東における拠点として一遍ゆかりの地とされる当麻道場（現、神奈川県相模原市南区当麻　無量光寺）で歳末別時念仏会を厳修した。

この別時念仏会は、一遍の代から重要な法要として時衆で勤められており、特に歳末に行われる法要を重要視していた。それは、期間を限定し、みなで念仏行に集中し年末に罪業を懺悔、その上で新年を迎えようとするものである。

他阿真教が当麻道場で行った別時念仏会の様子については『縁起絵』第十に、

いつもの事なれば、貴賤雨のごとく参詣し、道俗雲のごとく群集す

（『宗典』下巻・四二九頁下）

とある。いかにも他阿真教の教化の盛況ぶりが伝ってくる。そして、他阿真教は、嘉元二年（一三〇四）一月、遊行の法灯を量阿智得に譲位し、自身は当麻道場に独住したのである。このとき、全国を遊行し念仏弘通する時衆と、根本道場に独住する時衆との二大体制が確立したのである。この道場では、地方の道場へ派遣した弟子たちや信徒から寄せられる疑義などを手紙で回答するなど積極的に布教教化の活動をしていた。また他阿真教は、量阿智得に対し、『二祖他阿上人法語』巻二所収の書簡の中で次のように示している。

然れども知識のくらゐになりては、衆生の呼ところの名なれば、自今已後は量阿弥陀仏を捨て他阿弥陀仏と号せらるべし。この名は一代のみならず、代々みな遊行かたにうけ

つぐべきなり。これへのふみのうら書には、本の名をかゝるとも、他所へのふみには他阿弥陀仏とかゝるべきなり。

（『宗典』上巻・一二五頁下）

これは、量阿智得を後継として定めたうえで、他阿弥陀仏号を継承すること、さらには代々の遊行上人にこの他阿弥陀仏号を継承することを伝達している。このことから他阿真教以後、代々の遊行上人は他阿弥陀仏を継承することとなり、現在、七十四代まで継続されている。

かくて文保三年（一三一九）一月二十七日、実質的な教団の祖である他阿真教は、当麻道場で八十三年にわたる生涯を閉じた。

他阿真教の教団形成

さて、他阿真教の教団形成については、後継者である量阿智得への遊行相続、「他阿弥陀仏」号の継承が具体的な動きとしてあげられるが、ここでは一遍の動向と比較しながらその特徴を概観したい。

まず、遊行廻国と道場建立である。一遍遊行の北限は奥州江刺（現、岩手県北上市）であり、南限は大隅まで広範囲に及んでいる。この当時における日本国の全域と言っても過言ではあるまい。京都や伊予以外は、重複して遊行した個所は少数である。それに対して他阿真教の遊行廻国は、関東甲信越を中心にし、しかも重複して教化している。この点で他阿真教の遊行廻国は、その教化を一層深化させているといえよう。

この深化に関して言えば、一遍は地方の拠点となる道場（寺院）を建立してない（ただし、創建者を一遍と伝承している宗内寺院もある）のに対し、他阿真教の場合、有縁の各地方へ道場を建立することにより、時衆の教線が一層拡充したといえる。他阿真教が建立した道場であるが、京都長楽寺に継承された『七条文書』所収「遊行二代真教上人書状」によれば、「既道場百所許に及候」（『宗典』上巻・三九一頁上）とあり、他阿真教は道場を百カ所以上建立していたという。現在、時宗所属寺院数は四百十カ寺である。廃寺や合併した寺院もあるが、『時宗寺院明細帳』の調査により他阿真教による開山・改宗の寺院は実に百三十カ寺に及ぶ。現存する他阿真教の開山・改宗寺院を県別に示すと、新潟県（十一カ寺）、福井県（十四カ寺）、山梨県（四カ寺）、栃木県（十七カ寺）、群馬県（七カ寺）、埼玉県（六カ寺）、神奈川県（九カ寺）、静岡県（七カ寺）となる。

他阿真教は、嘉元二年（一三〇四）一月、遊行の法灯を量阿智得に譲位し、自身は当麻道場に独住している。このことにより、全国を遊行し念仏弘通する時衆と、根本道場に独住する時衆との二大体制が確立した。この拠点道場を建立することにより、地方の道場へ派遣した弟子たちや信徒との書簡の遣り取りを通じて、弟子の教化や信徒の定着が見込めるのである。

これら道場の役割であるが、以下のように実に多機能にわたるものであった。すなわち、

（一）仏道修行の場

（二）アジール（戦に敗れた武士が命を助かるために逃げ込む場所、権力から謀反人の烙印を押された者が、その追求を逃れるために逃げ込む場）

（三）死穢《しえ》を避けるための場として極楽往生が叶う死に場所（こんにちのいわゆる「終活」の場、仏の前で死ぬことは直接に仏の慈悲に縋《すが》る場）

（四）処刑や自害の場（権力によって罰せられた者が処刑或いは自害する場。怨霊などからの祟りを恐れ、処刑者の極楽往生を期待する場）

（五）芸能の場（声明《しょうみょう》・踊り念仏や往生の儀礼として行われる芸能の場）

（六）葬送の儀礼を執り行う場として（死者の葬礼・供養を行う場・往生を願う人の終活の場・死を待つ場）

（七）療病・貧窮者・乞食者への慈善事業活動の場

また、個々の時衆道場にあっては、「固有名詞の地名＋道場」とする呼称が多く、寺号を持ちながらなおも道場名を使用している例がある。京都市内を例に挙げれば、一条道場（現、京都市左京区迎称寺）、大炊御門道場（現、京都市左京区聞名寺）、秋野道場（称名寺

〔廃寺〕〕、三条坊門油小路道場〔式阿弥道場・西興寺（廃寺）〕、樋口大宮道場〔長福寺（廃寺）、但し律僧寺院で西大寺末であった可能性もある〕、霊山道場〔行福寺（廃寺）〕、滑谷道場（現、京都市下京区福田寺）などがある。そして、他阿真教は、西日本の拠点道場として京都七条に道場を建立する。この七条道場金光寺は、七条仏師の帰依により、定朝《じょうちょう》の旧邸を寄進され、高弟たる有阿弥陀仏《ゆう》（後、他阿呑海）を派遣し建立した。同寺は明治末期に至って東山長楽寺に合併されるまで時宗教団の西日本における拠点道場として発展していく。

賦算の展開

他阿真教は、念仏札を配る賦算を拡充させている。『聖絵』『縁起絵』の絵画や詞書から一遍在世中は、一遍のみ賦算を行使していた。その権限は、『聖絵』にあっては、聖戒へのみ継承されていることがうかがえる。しかしながら実は、時衆に押されて遊行を再興した他阿真教は、自ら賦算を開始した。その権限を彼は自身の老後にあってはどうしたのであろうか。先に引用した『七条文書』所収「遊行二代真教上人書状」には、

弘通念佛の摺形木一送進文候

四郎太郎殿就夢想、念佛を有阿弥陀佛にすゝめさせ奉むと所望候、我々獨住之後者、遊行聖にこそ念佛勧進をもゝたせて候へ、既道場百所許に及候、面々

念佛勧候者歸而軽相に覚侯之間、一人に可事足侯程に、無其儀侯之處、出雲五郎左衛門入道のもとより、浄阿弥陀佛に念佛を勧させ奉べきよし所望候、其故者、自身京都の籌を勧て在京仕候間、浄阿弥陀佛も京中に御渡候之程に、貴所へも召請せられ給候次に、御化導之時すゝめ念佛にもれさせ給候人々雖御所望候、末蒙免許之間、不可叶之由申給候、可然候者、念佛勧進を可有御免と被申候しにつきて、田舎などこそ候へ我々者獨住に候。可受之由所望之時は、可《京都にて》被勧之由返事申て、念佛の形木を一遣し也、就其當時もすゝめ侯、これよりは遊行聖に申付て侯へバ、事足候ぬと覚候、然而四郎太郎殿夢想記につきて、京都にてはそれにかはるべきにても候ハねば、人の所望之時はすゝめ給へく候（後略）。

（『宗典』上巻・三九一頁上―下）

この書状は「二月十三日」に「他阿弥陀仏」（他阿真教）から「有阿弥陀佛」（後の他阿呑海）へ宛てられたものである。ちなみに、中世時衆の書状における特徴は、南無阿弥陀仏の書簡止めと共に、差出人の阿弥陀仏号の仏は新字体（つまり仏）を、受取人の阿弥陀仏号の佛は旧字体（つまり佛）を使用している。そのゆえんはなお定かでないが、何らかの深い教学的意義が込められていることは明らかであり、今後の考察に俟ちたい。

さて、この書状から賦算の権限（金井清光氏により、「賦算権」と呼称された）を他阿真

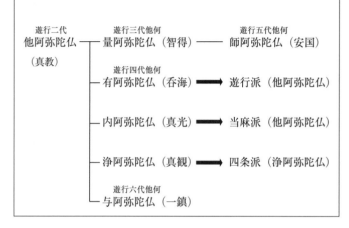

◎遊行上人略系譜

- 遊行二代 他阿弥陀仏（真教）
  - 遊行三代他阿 量阿弥陀仏（智得） ―― 遊行五代他阿 師阿弥陀仏（安国）
  - 遊行四代他阿 有阿弥陀仏（呑海） ➡ 遊行派（他阿弥陀仏）
  - 内阿弥陀仏（真光） ➡ 当麻派（他阿弥陀仏）
  - 浄阿弥陀仏（真観） ➡ 四条派（浄阿弥陀仏）
  - 遊行六代他阿 与阿弥陀仏（一鎮）

教は、遊行の法灯を既に伝承していた三代他阿弥陀仏智得へ、嘉元二年（一三〇四）に至り許可している。また、同じく弟子であり四条道場金蓮寺開山・浄阿弥陀仏真観には、出雲五郎左衛門（相模国大住郡南波多野荘波多野宣時を比定）からの要請、七条道場金光寺の有阿弥陀仏呑海には四郎太郎（藤沢四郎太郎を比定するが不詳）からの要請により、それぞれ許可していることがうかがえる。

ただし、賦算ができる地域について、他阿智得は全国としたが、浄阿真観や有阿呑海については京都市内に限定されていた。ともあれ、他阿真教は、賦算の権限を拡充することで、教団の教化活動を一層活発化したのであり、念仏札を配る賦算が幅広い階層から支持されていったのである。

他阿真教の出家・在家への教化活動

他阿真教には一遍同様に、自己が主体的に執筆した著作は見当たらない。しかし、他阿真教の消息及び和歌を近世に集録編纂したものが『他阿上人法語』全八巻である。これは、遊行五三代他阿尊如（一七一二―一七七九）の命で、越前岩本成願寺其阿玄道が中心となり安永七年（一七七八）に至り開版されている。

さて、時衆では一遍在世中から男女が行動を共にしていたため、諸般の問題を抱えていた。一遍も出家者が座す場所を僧座・尼座に二分し、風紀上の過ちなきことを求めて訓戒を発している。他阿真教は、各地に建立した道場に派遣し住する坊主（住職）、及び信徒らへの教化並びに訓誡のため、『道場制文』（道場誓文）を執筆し送付していた。そもそも他阿真教からすれば「制する文」であるが、受ける側の僧俗双方の弟子たちからすれば、「誓う文」となるため、いつしか『道場制文』から『道場誓文』となったものと推定される（以下、『道場制文』で統一）。その後、歴代の遊行上人も『道場制文』を執筆し地方の道場へ送付していることや、今日、時宗総本山清浄光寺（神奈川県藤沢市）で行われる歳末別時念仏会でも法要中に遊行上人が時衆に対して『道場制文』を奉読する場面がある。このことからも他阿真教が執筆した『道場制文』が、後世に対して継承されるべき重要性を帯びたものであることを、よく示していよう。

『他阿上人法語』所収『道場制文』や、現在では清浄光寺に所蔵され、他阿真教筆とされる『道場制文』は嘉元四年（一三〇六）九月十五日の撰であり、出家分の時衆僧尼の愛執を教誡し、彼らが誓戒を破ることなきよう要求している。さらに、他阿真教が諸国修行を開始した弘安二年（一二七九）より、この文書が撰述された嘉元四年（一三〇六）九月に至るまでの二十七年間、会下にあって往生を遂げた僧尼は二百七十五人であり、このうち不往生の者は七人であったという。その不往生の理由は、制戒を破り回心することがなかったからという。そのため、『制文』では、この会下を始めとする各地の道場の僧尼が、それを破ることなく、命が尽きるまで称名念仏を怠らぬよう強く説いている。こうした意味合いを帯びる『道場制文』が、各地の道場に住する坊主へ送付されていたのである。

『他阿上人法語』に所収されている法語の大半は、各地の道場に派遣した坊主（住職）、及び信徒、地方武士層の信徒、公家や顕密系の僧侶から他阿真教への質問に対する返信である。その消息の内容から、教化する相手の立場や能力を把握した上で他阿真教が執筆していることがうかがえる。それは、他阿真教からの『道場制文』やその消息を受け取った各道場の信徒がその内容を読解できたか、と言えば全員が可能ではなかろう。

また、他阿真教の教えを、彼らは信徒に対しどのように伝道していたのであろうか。おそらく、各道場の坊主は読解ができ、経典や論疏を解釈できる能力を有していたはずである。

そのため、他阿真教から送られた『道場制文』や消息を読解できたであろう。そして、その『道場制文』や消息を、各道場の坊主は、識字力が時代的に乏しい信徒に対して、読み聞かせの形式で行っていたのではないだろうか。この読み聞かせの形式は、やがて儀礼化し、現在、歳末別時念仏会における遊行上人の『道場制文』奉読に継承されているのであろう。つまり、時代的に識字力の乏しい信徒に対しては、他阿真教の教化は各道場の坊主を通じて『道場制文』や消息を読み聞かせを行うことで、教義的な内容をより一層理解させることができるとともに、信徒の定着化をも意図していたことがうかがえる。

そして、他阿真教は、消息のなかで、特定の信徒へは第十八願を引用しつつ返信している。その背景には、送付された相手及びその周辺には西山派との交流があり、その西山派の教義を既に理解していることを把握した上で送信している。それは、一遍や他阿真教の時代の初期時衆が、西山派の人師を介して結縁した信徒を多く含んでいたためであろう。そのため、他阿真教が送信する信徒には、西山派の人師の信徒層と重複している可能性がある。そこで相手やその周辺の思想的な状況を把握した上で、あえて西山義を継承した第十八願釈を引用した上で、時宗教学をも伝道し差別化を図ろうとしたのではないだろうか。時宗教団内には、他阿真教が鎮西義を修学したとする伝承があり、一遍とは教学的な系譜を異にしているかのように見る向きもあるが、その法語を見る限り、他阿真教は西山義をよく理解した上で一遍教学を継承していることがうかがえる。

さらに、消息において他阿真教は、その時衆が出家・在家のいずれかを問わず、一大事を信心堅固にして称名念仏を行うべきことを強調しているのである。

3　時宗教学の大成者・七代他阿託何

遊行二代他阿真教が文保三年（一三一九）に入滅したことにより、他阿智得が当麻道場に独住し、有阿呑海に遊行の法灯を継承させた。

『呑海上人御法語』によれば、「先師二代は南北に限（り）て利生し、中聖はひんかし夷域をさかふ。いま此代に西州を巡畢」（『宗典』上巻・二六七頁上）とあるから、二祖他阿真教は甲信越地方を遊行しており、一方、「中聖《ちゅうしょう》」、つまり三祖他阿智得は関東・東北地方を遊行し、それぞれ道場が建立されている。そのため、他阿呑海はそれまで未開拓の地であった中国地方を遊行したのであろう。他阿呑海が中国地方における教化活動を開始して間もなく、他阿智得は元応二年（一三二〇）に当麻道場で往生している。そして、この他阿智得往生後に継承問題が生じたのである。

それは、慣例からすれば他阿呑海（一二六五―一三二七）が先代の往生に伴い当麻道場に独住するべきであるが、中国地方の遊行を継続し、当麻道場に帰還する際には、他阿弥陀仏を名乗る内阿真光（一二八〇―一三三三）が居住していたようである。そのため、他阿呑海は当麻道場に入住することができず、遊行六年にして相模藤沢（現、神奈川県藤沢市）の地に、生家である俣野氏を頼り、実兄とされる俣野荘地頭俣野五郎景平を開基として正中二年（一三二五）、藤沢道場を創建し、そこに独住することになった。遊行の法灯は、三代他阿智得の弟子・師阿安国へ継承された。この藤沢道場が現在の時宗総本山清浄光寺である。この開基である俣野五郎景平は、二祖他阿真教に帰依し、「明阿弥陀仏」の法号を授与されていたとされる。そのため、実弟である有阿呑海が時衆に入門することとなったのであろう。

この遊行四代・藤沢開山他阿呑海は、嘉暦二年（一三二七）二月十八日に入滅した。このことは、『常楽記』嘉暦二年二月十八日条に「藤沢他阿弥陀仏　祐阿弥陀仏也」とあり、音通であることを考慮すれば「有阿弥陀仏」は「ゆうあみだぶつ」と発音されていたことが考えられる。

他阿託何の生涯

他阿託何（一二八五―一三五四）は、『時宗血脈相続之次第』『遊行系図』『遊行藤沢歴代霊簿』の諸史料において、上総（現、千葉県中央部）矢野氏出身とある。『時宗血脈相続之次第』及び『遊行藤沢歴代霊簿』では、夢窓疎石（一二七五―一三五一）の甥とある。この夢窓疎石関連の伝承はにわかには信じがたいが、それでも一遍の心地房覚心への参禅伝承に同じく、室町期時衆の禅宗との比較的友好的なかかわりを暗示してはいないだろうか。

さて、他阿託何は、延慶元年（一三〇八）、他阿智得に入門し、宿阿と号した。暦応元年遊行七代に登位するまでの約二十九年間の動向は、著作である『蔡州和伝要』に「愚老在洛ノ初文保ノ比ニヤ」(『宗典』上巻・二五八頁下)とあることから、文保年間(一三一七—一九)に七条道場金光寺へ移り、元亨元年(一三二一)に七条道場金光寺四世を継承し、布教活動の傍ら、学問の研鑽に励んでいたのではないだろうか。他阿託何の遊行相続は、暦応元年(一三三八)、京都から離れた越前長崎往生院(現、福井県坂井市丸岡町　時宗称念寺)で行われている。

他阿託何の遊行は、尾道西郷寺本堂建立や肥前松浦カ沖での龍女化度《りゅうにょけど》の伝承、小早川禅門への書状などや『時衆過去帳』裏書から、西日本を中心に廻国していたことが分かる。南北朝の動乱期にあって教義・儀礼などを整備した他阿託何は、文和三年(一三五四)八月二十日、藤沢上人に登位することなく七条道場金光寺において七十年の生涯を閉じた。ちなみに、現在、岩手県北上市藤沢には「遊行上人塚」があり、他阿託何入滅の地として地域住民により維持管理がなされている。この藤沢の地名について興味深い史料がある。『檀林小石川伝通院志』了誉聖冏の項には、次の様に記されている——「遊行上人入寂の所みな藤沢と改称せしかは諸国に藤沢の名多きが如し」と(『浄土宗全書』第十九巻・六七〇頁下)。つまり、遊行中に入滅した遊行上人は、その付近に埋葬されその地を「藤沢」と呼んだというのである。これは、本来ならば藤沢道場に独住するのが本意ながら、諸般の事情で叶わない場合、遺骨を埋葬した地を「藤沢」と呼称したのであろう。

他阿託何の教学

すでに述べてきたが、宗祖一遍には著作がなく、二祖他阿真教にも、編纂を前提としない消息法語のみが伝えられている。したがって、教学の大成及び体系化を計るにはほど遠く、三代他阿智得にはわずかな著作があるが、教学の基礎ともいうべき役割を果たしているものの、未だ他宗派の比ではなかった。

法然の門下門流にあっては、『観経疏』を巡る浄土教家間との論争が繰り返され、教学内容を深化し発展させていた。また、他宗派間でも同様に宗論が起こっている。他阿託何のころには、時衆も単なる念仏聖集団ではなく、教義・儀礼・規律を兼備した教団と化していた。そのため、時宗教学を体系化した著作を執筆し、浄土教家間あるいは他宗派との論争に対抗する必要があった。当時の仏教界の情勢を加味すれば、禅宗、特に室町幕府からの庇護を受けて京を中心に勢力を伸ばしていた臨済宗、浄土門との間で論争を繰り返してきた日蓮宗（甲斐国遊行中の他阿真教も宗論を仕掛けられた。『縁起絵』巻八冒頭）、既成の天台宗や真言宗などがそれぞれに教線を展開しつつあり、時衆としても自己の立場を明確化し、教線を張ることが必然の要請となっていた。このことから、他阿託何が果たした教学の大成は、時衆が集団から教団へという発展上の基盤をより一層確たるものにしたといえよう。

他阿託何には主著『器朴論』をはじめ『仏心解』『他阿弥陀仏同行同心大綱註』『条条行儀

法則』『蔡州和伝要』、他に『託何上人法語』『七祖上人法語』『廿日上人法語』や和讃がある。和讃は秀作が多いが、とりわけ、「無上大利讃」は会心作であったとおぼしく、自作自註の上下二巻にも及ぶ著書『無上大利和讃註』が撰述されている。自作の偈頌を自ら解釈した例としては、古く空海（七七四―八三五）がその「六大無礙頌」を『即身成仏義』において解釈し、他阿託何から近い時代の人師としては親鸞（一一七三―一二六二）がその名高い「正信念仏偈」を『尊号真像銘文』において解釈した例が挙げられるが、いずれも一宗の宗祖であり、これら宗祖級の二師と同じことを他阿託何もまた行っているという点に、他阿託何の持つ宗祖的性質を認めるのは難しいことであろうか。

さて、これら数多い著作のなかでも、主著『器朴論』は全三巻十五門から構成されている。そもそも「器朴」という語彙は、善導『観経疏』散善義に見る用語であり、それを題目としていることから、広義の『観経疏』解釈であることがうかがえる。

また『器朴論』第六大小権実門では、「浄土頓教者雖機根愚鈍。法本超頓故無器朴差」《浄土の頓教は、機根愚鈍なりと雖も、法、本より超頓するが故に器朴の差なし》とある（『宗典』上巻・二八七頁上）。浄土教の頓教は、衆生の機根が愚鈍であっても、教義が本来、他教を超越した頓教であることから「器朴」の差は無いとある。では「器朴」とは何であろうか。託何はさらに『器朴論』第一五祖祖念仏門において、

原原流流。夫森羅之萬像者衆生之一心也。虚空為鑪。眞如為銅。十界為鎔。一心為工。能成一法界。於此法界有器有朴。九界為朴。十界為器。謂器者赫智反。朴佛国切。九界即佛国者謂之朴。迷情洒赫智者謂之器。諸仏奕世出化。則蕩九界而為二仏国。翻迷情而成赫智。其教門有八萬四千機法。故釋曰。器朴萬差。

《原を原ね、流を流くに、夫れ森羅の萬像は衆生の一心なり。虚空を鑪と為し。眞如を銅と為し。十界を鎔と為し。一心を工と為し、能《よ》く一法界を成ず。此の法界に於いて器有り朴有り。九界を朴と為し。十界を器と為し。謂く器とは赫智の反なり。朴とは佛国の切なり。九界は即ち佛国なれば之を朴と謂ふ。迷情は洒ち赫智なれば之を器と謂ふ。諸佛世を奕《かさね》て出化するときは則ち九界を蕩して佛国と為し。迷情を翻して赫智を成ず。其の教門に八萬四千の機法有り。故に釋に曰く。器朴萬差なり、と》。

（『宗典』上巻・三〇四頁下）

とある。他阿託何の所見はおおよそ以下のとおりである――この法界のなかに絶対世界を完成するのであり、この法界によって、器と朴とがあり、九界をなしているのが朴であり、十界（仏界）が器である。器とは、優れた智慧（赫智）の反切である。朴とは、仏国の反切である。この反切とは、元来は中国語及び日本語の漢字音を表示するための手立てであったが、これに教義的な意味づけを図っている、ということも他阿託何の教理解釈上の特異性である、と言えよう。九界は、仏国で朴と言い、迷情はすなわち優れた智慧と表現している。その法門は、釈尊一代の教説である八万四千の法門が存在していることから、その点から解釈を施すと、「器朴万差《きぼくまんしゃ》」となるのである。つまり、ここで聖道門の諸教は、互いに親しい関係にあり、まだ本当の意味ですばらしいとは言えぬから朴とする、と論じている。

『器朴論』第十五門では続けて、

曷者謂寂光理通如鏡如器。大願禪師莊嚴常寂光土。而能含蔵諸佛国土。故言器。諸土異別如像如飯無量世界染浄凡聖胥名號之所攝故為朴。難易漸頓。了不了義幷在器朴當體故。法譬圓通為此書銘。論綷廢立。然爾殺青十五篇以甫就者。擬月愛三昧圓滿義也。

《曷者《なんと》なれば寂光の理、通ずること鏡の如く器の如し、と謂ふ。大願禪師常寂光土を莊嚴し、能く諸佛国土を含蔵す。故に器と言ふ。諸土異別なること像の如く飯の如く、無量世界の染浄凡聖、胥《み》な名號の所攝なるが故に朴と為す。難易、漸頓、了不了義、幷に器朴の當體に在るが故に。法譬圓通して此の書の銘と為す。論は廢立を綷とす。然して爾も殺青十五篇、以て甫《はじ》めて就くことは、月愛三昧圓滿の義に擬するなり》。（同右）

とある。この箇所では、大願禅師（未詳）の見解に拠って、仏が常寂光土を荘厳し、能く諸仏国土を含み所蔵していることから器と言う。大願禅師の所説は『器朴論』の書名の背景を考えるうえで重要なものである。ここで『託何上人法語』所収の「大願禅師いはく」に始まる法語(『宗典』上巻・三七三頁上)を読む限り、善導大師とおぼしいが、それ以外にこの人物の素性については、今のところ未詳というほかはない。他阿託何の引用は、禅・天台・華厳・真言とすこぶる多岐にわたっており、正確な出典解明は依然困難である。ただ、少なくとも中国仏教文献に関しては、近年「CBETA電子仏典」ほか、有益なシステムが整いつつあり、『大正蔵』のみならず『続蔵経』(他阿託何の引用文献も少なしとせず)をもカバーできるため、今後の解明が大いに期待できよう。さらに、他阿託何は出典を明示しないまま、天台の『法華玄義』巻七上にいう「寂光理通如鏡如器。諸土別異如像如飯」という句を踏まえ、後半の句のみを引いて、諸《もろもろ》の仏国土が異なり、別であることは、さながら鏡に映った像(現象そのものを指すか)や器に盛られた飯(やや解釈しがたいが、客体とでも言うべきか)のようなものであり、無量世界の染・浄・凡・聖が皆な六字名号のなかに所摂されることから朴だと述べている。この一段はいかにも分かりにくいが、当時に在っては天台教学が仏教者の基礎的学問として広く学ばれていたことを今に伝えていよう。さらに他阿託何は、難易、漸頓、了不了義(教判に関係するもの)、併に器朴の当体に在るが故に、教えとして喩えるには十二分に行き渡っていることから、これをこの書物(『器朴論』のこと)の題目としたのである、と述べている。そもそも論議とは、二者択一をこととする。そして、この十五篇をはじめて書物にまとめることは、月愛三昧《がつあいざんまい》円満の意味に模《かたど》っている。このように、一遍が六字名号にその絶対性を見いだした思想を他阿託何は忠実に継承し、それを文字という形にして著作の中で表明しているのである。文字に表しづらい一遍仏教を浄土教全体の流れの中に体系づけたという点で、他阿託何の功績は不滅のものであり、その難解な漢文和文の著作は、この点において後学が力を結集して読解するに足るものと言えよう。なお、他阿託何が一遍以外の他の諸祖、とりわけ二祖他阿真教、及び三祖他阿智得から師資相承した思想についても、二祖の著作に関してはその豊富な遺文の量ゆえに、それを跡付けることは困難とは思われない。この点、今後の課題としたい。

また、中世時衆の動向を知り得る著作として、他阿託何には『条条行儀法則』がある。これ自体は儀礼に関する著作だが、一遍以来、時衆においては教学面にもまして儀礼面及び関連する法式形態が、代を重ねる毎に発展していったのであろう。しかしながら、その教学的裏付けがまだなされないままであったため、確固とした教学的裏付けをなすべく、新たに撰述されたのがこの『条条行儀法則』であったろう。つまり、他阿託何の『条条行儀法則』は、教学と法式儀礼という二つの観点からの著作を成し遂げたのであり、こうした背景を持つ本書は、中世時衆における法式儀礼の様相を知る上で、誠に貴重な史料であると言えよう。

他阿託何は、教団化する時衆を教学面そして儀礼面の双方からの著作執筆を通じ明確化することで、教学の大成を果たしたといえよう。しかも遊行の旅の途上に往生を遂げたその生涯は〔(遷化地が宗門の伝承どおり京都であったにせよ、あるいは、岩手県北上市藤沢地区(遊行上人塚)であれ)〕、決して他阿託何を単なる理論家たるに終わらせなかったことを、我々は忘れてはならない。

4 軍勢相伴之時衆

他阿託何、そしてこの時代の時衆の活躍として、いわゆる「軍勢相伴之時衆」を取り上げておきたい。訓読して「軍勢に相伴なう時衆」とは、「陣僧」のことであり、時衆ではそのように呼称していた。文保二年（一三一八）後醍醐天皇（一二八八―一三三九）の即位に始まり、応安三年（一三七〇）頃、細川右馬頭頼之（一三二九―一三九二）が、武蔵守に補任され執事職を司るまでの約五十年間の動乱と死者への怨霊鎮撫を描いた文学作品として、『太平記』がある。この『太平記』は、一時に執筆完成したのではなく、漸次書きつがれていき、応永四・五年（一三七一・七二）頃に小島法師によって完成されたという。本書の成立には、時衆が大きく関わっていたものと考えられている。それは、この軍勢相伴之時衆は、師檀関係にあった武士と共に戦地に赴き、檀徒たる武士へ最後に十念を授けるなどの役割を担っていた。そのため、『太平記』には、しばしば時衆の活躍が記されている。こうした点から、戦地に赴いた時衆がその戦地の情景などを作者（ら）へ伝えていたことになろう。

ちなみに、筆者は他阿託何が暦応元年（一三三八）、京都から離れた越前長崎往生院で遊行の法統を相続した背景には、他阿託何自身が「軍勢相伴之時衆」として彼の地に赴いていたことに起因するのではないかと推察している。

『太平記』に登場する人物であり、しかも時衆との関わりが想定される人物としては、以下の人物を列挙しておきたい――宇都宮治部大輔、大仏陸奥守、人見四郎入道恩阿、本間九郎資貞、佐々木判官時信、陶山次郎、河野通治、五大院右衛門、明石長門介入道忍阿、佐介右京亮貞俊、新田義貞、上杉伊豆守、高師直、高師泰、高師冬、佐々木判官道誉、由良新左衛門入道信阿、山名右衛門佐、那須五郎、豊島因幡入道、菊池入道寂阿、遊佐入道性阿、畠山道誉、備中須山五郎、岡本信濃守、芳賀伊賀守。ここでは四例を挙げ時衆との関わりをみたい。

人見四郎入道恩阿・本間九郎資貞

『太平記』巻第六「赤坂合戦の事　付けたり人見・本間抜懸けの事」

ここに武蔵国の住人に、人見四郎恩阿入道といふ者あり。この恩阿、本間九郎資貞に向つて語りけるは（中略）本間も人見も、元《もと》より討死せんと思ひ立つたる事なれば、何かは一足も引くべき、命の限りに、二人ともに一所に討たれけり。これまで付き従うて最後の十念勧める聖、二人の首を乞ひ得て、天王寺に持て帰り、本間が子息源内兵衛資忠に、はじめよりの有様を語る。

（新潮日本古典集成『太平記』一・二七一頁―二七二頁）

この一段は、鎌倉方で武蔵国住人・人見四郎恩阿（人見氏は現在の埼玉県深谷市を本拠地とする武士、行年七十三歳）と相模国住人・本間九郎資貞（本間氏は現在の神奈川県厚木市を中心とする武士）が赤坂城への抜懸《ぬけがけ》を図って、元弘三年（一三三三）二月二日早朝に城中に攻め込んで二人とも討死した場面である。「これまで付き従うて最後の十念勧める聖」は、「軍勢相伴之時衆」のことであろう。このことから、戦地に従軍し死者の首を相手側から譲り受け、それを遺族へ届けていた、ということがうかがわれる。さらに、『他阿上人法語』巻三・巻五所収「人見音阿弥陀仏へつかはさる御返事」（『宗典』上巻・一五八頁下及び一八二頁下）が二通まであるが、この音阿弥陀仏は、恩阿弥陀仏と同一人物と考えられる。現在、人見氏の墓は、埼玉県深谷市人見の時宗一乗寺にある。また、本間九郎資貞は、『他阿上人法語』巻六（『宗典』上巻・一九二頁下）にあらわれる本間源阿弥陀仏本人か、その血縁者と考えられている。

佐介左京亮貞俊

『太平記』巻第十一「金剛山の寄手等誅せらるる事　付けたり佐介貞俊が事」

最後の十念勧めける聖に付いて、年来身を放たざりける腰の刀を、預り人の本より乞ひ出《い》たして、故郷の妻子のもとへぞ送りける。聖これを請け取つて、その行方尋ね申べしと領掌しければ、貞俊限り無く喜びて、敷皮の上に居直つて、一首の歌を詠じ、十念高らかに唱へて、しづかに首をぞ打たせける。（中略）聖、形見の刀と、貞俊が最後の時着たりける小袖とを持つて、急ぎ鎌倉に下り、かの女房を尋ね出《い》だし（後略）

（新潮日本古典集成『太平記』二・一七八頁―一八四頁）

この佐介氏は、北条氏の一門とされている。この佐介左京亮貞俊の該当人物としては、『他阿上人法語』巻八（全巻歌集をなす）に「其年（正和二年〔一三一三〕）の末に寿阿弥陀仏〔佐竹《（ママ）》安芸守貞俊朝臣〕詣で続歌まうし行れし時の歌の中雑」（『宗典』上巻・二一九頁上）がある。この佐介貞俊は、二祖他阿弥陀仏とも親交があり、寿阿弥陀仏の法名があることから時衆の信徒であったことがうかがえる。前出の『太平記』本文に出てくる「最後の十念勧めける聖」は、やはり軍勢相伴之時衆であろう。佐介貞俊は、臨終の間際に十念を称えながら首をはねられているが、その様子や形見の品などは、最後に十念を授けた時衆によって鎌倉にいた遺族に届けられている。

新田義貞

『太平記』巻第二十「義貞自害の事」

さて義貞の首、「相違なかりけり」とて、尸骸を輿に乗せ、時衆八人かかせて、葬礼のために往生院へ送られ、首をば朱の唐櫃に入れ、氏家中務を添へて、ひそかに京都へ上せられけり

（新潮日本古典集成『太平記』三・三五二頁）

南朝忠臣のひとり、新田義貞（一三〇一―一三三八）である。新田氏は、清和源氏の一門である。延元三年（一三三八）閏七月二日、新田義貞は足利方の斯波《しば》高経《たかつね》と戦い、越前藤島において討死にした。その新田義貞の亡骸は、八人の時衆が輿に乗せて長崎往生院（現、福井県坂井市丸岡町　時宗称念寺）へと運んでいる。現在、称念寺には、新田義貞の御廟がある。また、後世の筆であるが『時衆過去帳』『藤沢山過去帳』には、新田義貞の戒名が記入され供養されている。

高師直・高師泰

『太平記』巻第二十九「師冬自害の事　付けたり諏訪五郎が事」には、「甲斐国より時衆一人

来て」とある。足利尊氏の執事高師直《こうのもろなお》を甲斐国（現、山梨県）からきた時衆が、関東にあった高師冬《もろふゆ》（高師直の養子）の滅亡を知らせる場面である。使者として甲斐国から時衆が来たことを示す。これは、高師直（?—一三五一）・師泰《もろやす》（?—一三五一）兄弟と足利直義とがまず対立し、やがて足利尊氏（一三〇五—一三五八）と足利直義（一三〇六—一三五二）とが兄弟不和となり、かくて足利尊氏と高師直の主従もまた疎隔となる、という一連の流れのなかでのことである。

執事兄弟、かくてもし命や助かると、心もおこらぬ出家して、師直入道道常、師泰入道通勝とて、裳無《もな》し衣《ごろも》に提《さ》げ鞘《ざや》さげて、降人に成って出でければ、見る人ごとに爪はじきして、出家の功徳莫大なれば、後生の罪は免るとも、今生の命は助かりがたしと、あざむかぬ人は無かりけり

（新潮日本古典集成『太平記』四・三六九頁）

高師直・師泰兄弟は、敵から逃れるため出家者の姿となり京都を目指している。この「裳《も》無《な》し衣」とは、衣の裾にひだのない衣のことであり、一般に遁世者が着用した衣とされているが、時衆では日頃からこれを着用している。現在の時宗においても、歳末別時念仏会や薄《すすき》念仏会など、伝統的な法要での役者は、衣の裾にひだのない襲《かさね》法衣を着用している。おそらく、高師直・師泰兄弟もまた、時衆の集団に紛れて京都を目指したのであろう。

また、『託何上人御法語』には、他阿託何が高駿河殿へ遣わされた書簡が所収されている（『宗典』上巻・三五八頁上）。この高駿河殿とは、高師直の弟である高駿河守重茂《しげもち》であろう。さらに、『時衆過去帳』の観応二年（一三五一）二月二十六日条では、他阿託何が自ら「珠阿弥陀仏（裏書　武蔵守同子息）」「専阿弥陀仏（裏書　越後守同子息等為往生極楽也）」と記載している。実はこの日、高師直（武蔵守）、高師泰（越後守）、高師久《もろひさ》（豊前守）、高師世《もろよ》（越後将監）などが討死にしているのである。

以上、時衆が「軍勢相伴之時衆」として活躍する様を『太平記』から垣間見たが、戦地にありながら師檀関係にあった武士の最後に十念を授与し、その最後を見届けその有様や遺体、或いは遺品を遺族に届けるという重要な役割を担っていたことが分かる。この背景にはそもそも何があるのであろうか。二祖他阿真教が地方に道場を百カ所以上建立できたのは、ひとえに地方有力武士階級を檀越としていたからである。彼ら地方有力武士階級が時衆教団の檀越となり得たのは、武士にとって戦闘が使命であり、しかもその戦闘のさなかでは、仏教が誡める不殺生戒を犯してしまう。言い換えれば、常に自らの死と隣り合わせであり、しかも不殺生戒を犯したことによる堕地獄、という恐れを懐きながらの日々であった。そのため、念仏を称えれば罪が消え、たちどころに極楽に往生できると説く時衆の教えは、他のどの宗派にもまして、乾いた砂が水を受け入れるがごとく、広く受容されたのであろう。

付け加えれば、『七代上人法語』所収「被遣勢州長野之御書」では文和二年（一三五三）

九月晦日のこととして、「大将軍御事、兼只武勇超人給ヘル事ハカリトコソ奉見候。今度於萱津対面申候之時、理非猶以タダシキ御事コソ奉見候。若加様事御同心、世間労敷御事也」（『宗典』上巻・三八三頁上）とあり、この書翰をしたためる直前、他阿託何は、萱津（現、愛知県あま市甚目寺町萱津。ここには萱津道場時宗光明寺がある）において、足利尊氏と対面しているのである。ここで注目すべきは、他阿託何が足利尊氏のことを「これまではただ武勇一辺倒と聞いていたが、案外に理を弁《わきま》えた人物である」と高く評価していることである。このように、足利尊氏を客観的に評価した史料としても価値あるものである。さらに、他阿託何は足利尊氏を恐れることなく毅然として臨み、戒めるべきは戒めようとする姿勢を示しており、ここには遊行上人としての自負と純熟した宗教者としての毅然たる態度とがうかがえる。

また、他阿託何代自身が、こうした軍勢相伴之時衆に対して心得るべきことをしたためた書簡を出していたものとおぼしい。すなわち、遊行十一代他阿自空書状（『七条文書』所収）のなかに、次のように記されているのである。

軍勢に相伴時衆の法様は、観応の比《ころ》遊行より所々へ被遣《つかはされ》し書ありといへども、今ハ見および聞およべる時衆も不可有。仍或檀那の所望といひ、或時宜くるしからじといひて、心にまかせてふるまふ程に、門徒のあざけりにおよび其身の往生をもうしなふもの也。

檀那も又一往の用事ハかなへども、門下の法にたがひぬれば、時衆の道せばくなりて、かへて檀那の為も難儀出来すべし。然バ出世可被心得條々。

（『宗典』上巻・三九六頁下）

つまり、軍勢相伴之時衆の心構えを説いた教書が、観応年間（一三五〇—五一）に遊行七代他阿弥陀仏から各地の道場へ遣わされていたが、最近は、どのような内容なのか知ることが出来ない。そのため、師檀関係にある武士が所望するからといい、或いはやむを得ないことだからといい、心のままに行動することは門徒からも馬鹿にされ、自身の往生も叶わなくなる。師檀関係にある武士のために一時的に役にたったとしても、時衆の教えに背けば、それがために時衆の道が狭まり、かつは、かえってその武士のためにもならない、と諭している。

そこで他阿自空（一三二九—一四一二）は、右に引いた一段に続けて、檀那も時衆のために心得るべきこととして四カ条を挙げている。ここでは紙幅の関係上、本文をのみ引用しておこう。

一、時衆同道の事ハ、十念一大事の為也。通路難儀の時分、時衆ハ子細あらじとて、弓矢の事にふミをもたせ、使せさせらるる事努々あるべからず。但妻子あしよハ惣じて人をたすべきいはれあらば、不可有子細。

一、軍陣において、檀那の武具とりつぐ事、時としてあるべき也。それもよろいかぶとのたぐひハくるしからず。身をかくす物なるがゆへに。弓箭兵杖《きゅうせんへいじょう》のたぐひをバ時衆の手にとるべからず。殺生のもとひたるによてなり。

一、歳末別時ニハ、軍陣なりともこりをかきときをし、阿弥衣を着して、称名すべき条勿論也。雖然所によりて水もたやすからず、食事も心にまかせぬ事あるべし。又檀那の一大事を見ん事も、無力にしては叶《かなふ》まじけれバ、食事ハ何時にてもあるにまかせてさたし、こりハかゝすともくるしかるべからず。若ハ入と□□べからん所にてハ、如法におこなふべき也。

一、合戦に及バん時は思べし。時衆に入し最初、身命ともに知識に帰せしめし道理、今の往生にありと知て、檀那の一大事をもすゝめ、我が身の往生をもとくへき也。

此旨存知せらん時衆にハ、能々心得やうに可被披露。穴賢々々

南無阿彌陀佛

応永六年十一月廿五日　　　　　　　　　他阿弥陀仏

（『宗典』上巻・三九六頁—三九七頁上）

このように、いつ、どこにあろうとも念仏者たる自覚を忘れることなく、修行することを厳格に戒めている。この時代、他のどの宗派にもまして広く武士間に信仰された時衆は、それだけに敵対する勢力間にあって板挟みとなることも多く、いわゆる中立の維持にも苦慮したことであろう。教団の統率者らしい苦慮と、それにまさる不屈の精神がこの書状の行間からうかがい知られるではないか。

おわりに

我が宗祖一遍上人の生涯を描くということは、宗派の研究・教育に携わる者の役割とすれば当然のことであろう。しかし、自己の年齢を思えば、なお些か早いのではという思いが脳裏にあったこと。また、原稿執筆中、これまでの半生を振り返りながら進めていたことを吐露したい。

振り返れば、勉強嫌いの落ちこぼれであった私が、今や教壇に立ち学生に講義し、檀信徒の前で伝道するなど、当時は想像も出来なかった。では何故、私はかくも変わることが出来たのであろうか。それは、大正大学入学直後から九年間、当時、大正大学教授・浄土宗東京教区重願寺住職故大谷旭雄先生のもとで過ごしたことに起因する。僧侶にとって学問と修行が双輪であることを意識し、僧侶として研究を継続することを大谷先生のそばで学ばせていただいた。その薫陶を受け、大学院修了後、時宗総本山清浄光寺（遊行寺）に登山、修行僧として一年間過ごしたが、その折、総本山へ参拝された、当時、佛教大学名誉教授（後に京都西山短期大学学長）故関山和夫先生と対面した。この対面がきっかけとなり、西山教義を意識し時宗教学を研究することになり、京都西山短期大学への奉職となった。また、この関山先生との出会いが、節談説教の世界への関心につながり、釈徹宗先生、直林不退先生とのご縁へ、そして、本書執筆へと導いてくださったのである。

ここに挙げた恩師各位との出会いが今日の私を育むとともに、多くのご縁を生み、今なおお育ていただいていることに感謝しきれない思いである。

さらに、本書は時宗宗学林、京都西山短期大学、大正大学で講義をするために作成したテキストが元となっている。つたない著者の講義にお付き合い頂いた学生の皆さんにも感謝を述べたい。

さて、本書執筆中、新型コロナウィルス感染拡大防止のため、大学の業務は在宅が中心になり、授業はオンラインへと移行し、新たな教育のあり方を模索することになった。活動は制限され、不自由な生活を余儀なくされている。しかし、不自由なことばかりではない。私事ではあるが、この一月に息子・英慈が誕生した。例年であれば、大学勤務に加え、各地へ赴いての布教伝道があり、子どもと過ごす時間など限られていたと思うが、その成長を間近で見ることが出来ている。そして、実感したことは命の尊さと両親・ご先祖への感謝の念であった。

本書執筆にあたり、直林不退先生には、企画当初から激励のお言葉を頂戴した。史料掲載には、時宗総本山清浄光寺様のご厚意に預かった。そして、執筆段階から校正作業を時宗教学研究所研究員である髙垣浩然・野川智教の両氏にご協力いただいた。さらに佼成出版社編集委員黒神直也氏には、当初の予定より私の遅筆による遅れもありながら出版に至るまで終始温かなお励ましを頂いた。ここに挙げた各位にこの場を借りて御礼申し上げたい。

最後になるが、本書を生まれ故郷の山形で過ごす両親へ捧げたい。

令和二年十月仏歓喜日

琵琶湖を眼下に望む関寺霊跡　長安法窟にて　　　長澤　昌幸

参考文献

時宗宗典編纂委員会編『定本時宗宗典』上・下巻（時宗宗務所）一九七九年
橘俊道・梅谷繁樹訳『一遍上人全集』（春秋社）二〇〇一年

第一章

石田充之『日本浄土教の研究』（百華苑）一九五二年
伊藤唯真『浄土宗の成立と展開』（吉川弘文館）一九八一年
上田良準・大橋俊雄『浄土仏教の思想　証空・一遍』（講談社）一九九二年
大谷旭雄『法然浄土教とその周縁』乾・坤（山喜房佛書林）二〇〇七年
小澤憲珠監修 勝崎裕彦 林田康順編『浄土教の世界』（大正大学出版会）二〇一一年
柴田泰山『善導教学の研究』（山喜房佛書林）二〇〇六年
釈徹宗『法然親鸞一遍』（新潮新書）二〇一一年
住田智見『浄土源流章』（法藏館）一九七七年
末木文美士『日本仏教思想史論考』（大蔵出版）一九九三年
大正大学仏教学科編『お坊さんでも学ぶ　仏教学の基礎1インド編』『お坊さんでも学ぶ　仏教学の基礎2中国・日本編』（大正大学出版会）二〇一五年
竹村牧男『日本浄土教の世界』（大東出版社）二〇一二年
中井真孝『鎌倉浄土教の先駆者　法然』（吉川弘文館）二〇二〇年
平岡聡『角川選書　浄土思想入門　古代インドから現代日本まで』（KADOKAWA）二〇一八年
平岡聡『浄土思想史講義　聖典解釈の歴史をひもとく』（春秋社）二〇一八年

長澤昌幸「宗家呼称考―『器朴論』を中心に―」(『大正大学大学院研究論集』第二五号所収)二〇〇一年

第二章

宮次男編「一遍上人絵伝」(『日本の美術』No56 至文堂)一九七一年
新修日本絵巻物全集一〇『一遍聖絵』(角川書店)一九七五年
図録『国宝 一遍聖絵』(遊行寺宝物館 二〇一五年)
図録『国宝一遍聖絵と時宗の名宝』(京都国立博物館 二〇一九年)
浅山円祥『六条縁起』(山喜房佛書林)一九四〇年
浅山円祥『一遍と時衆』(一遍会)一九八〇年
一遍研究会編『一遍聖絵と中世の光景』(ありな書房)一九九三年
石井義長『阿弥陀聖 空也』(講談社)二〇〇三年
石塚勝「「二十五億一千七百二十四人」考―一遍が生涯に賦算をした人数をめぐって―」(『時宗教学年報』第四四輯所収)二〇一六年、「『一遍聖絵』所見の九州の地名」(『時宗教学年報』第四八輯所収)二〇二〇年
今井雅晴『鎌倉新仏教の研究』(吉川弘文館)一九九一年
梅谷繁樹『捨聖一遍上人』(講談社)一九九五年
牛山佳幸『善光寺の歴史と信仰』(法藏館)二〇一六年
大橋俊雄『一遍聖絵』(岩波文庫)二〇〇〇年
『一遍聖』(講談社)二〇〇一年
金井清光『一遍と時衆教団』(角川書店)一九七五年
『一遍聖絵新考』(岩田書院)二〇〇五年
菊地勇次郎『源空とその門下』(法藏館)一九八五年

黒田日出男『増補 絵画史料で歴史を読む』（ちくま学芸文庫）二〇〇七年
五味文彦他編『一遍聖絵を歩く』（高志書院）二〇一二年
五来重『角川選書　増補　高野聖』（角川書店）一九七五年
砂川博『中世遊行聖と図像学』（岩田書院）一九九九年
『一遍聖絵の総合的研究』（岩田書院）二〇〇二年
『一遍聖絵研究』（岩田書院）二〇〇三年、『徹底検証　一遍聖絵』（岩田書院）二〇一三年
髙野修『一遍聖人と聖絵』（岩田書院）二〇〇一年
武田佐知子編『一遍聖絵を読み解く』（吉川弘文館）一九九九年
橘俊道『時宗史論考』（法藏館）一九七五年
『現代語訳一遍ひじり絵』（山喜房佛書林）一九七八年
中村元『ブッダ最後の旅』（岩波文庫）一九八〇年
長島尚道・岡本貞雄編『一遍聖絵索引』（文化書院）一九八六年
林浩平『折口信夫　霊性の思索者』（平凡社）二〇〇九年
林譲「日本全土への遊行の賦算」（日本の名僧⑪今井雅晴編『遊行の捨聖一遍』所収　吉川弘文館）二〇〇四年
三枝暁子「『一遍聖絵』成立の背景」（中世史研究会会報『遙かなる中世』一八）二〇〇〇年
水野僚子「『一遍聖絵』の制作背景に関する一考察」（『美術史』一五二冊）二〇〇二年

第三章

梅谷繁樹『一遍の語録をよむ』（日本放送出版協会）二〇〇五年
髙野修『原文対照 現代語訳 一遍上人語録』（岩田書院）二〇一〇年
大橋俊雄『日本思想体系一〇　法然　一遍』（岩波書店）一九七一年

佐藤平・徳永道雄訳『大乗仏典中国・日本篇二一 法然一遍』（中央公論社）一九九五年
桜井哲夫『一遍と時衆の謎』（平凡社）二〇一四年
『一遍 捨聖の思想』（平凡社）二〇一七年
釈徹宗『構築された仏教思想 親鸞 救済原理としての絶対他力』（佼成出版社）二〇一〇年
直林不退『構築された仏教思想 妙好人 日暮しの中にほとばしる真実』（佼成出版社）二〇一九年
中西随功『證空教学の研究』（法藏館）二〇〇九年
廣川堯敏『鎌倉浄土教の研究』（文化書院）二〇一四年
森英純編『西山上人短篇鈔物集』（文永堂）一九八〇年
長澤昌幸『一遍仏教と時宗教団』（法藏館）二〇一七年

第四章

新修日本絵巻物全集二三『遊行上人縁起絵』（角川書店）一九七九年
図録『長楽寺の名宝』（京都国立博物館）二〇〇〇年
図録『真教と時衆』（遊行寺宝物館・神奈川県立歴史博物館）二〇一九年
石田善人『一遍と時衆』（法藏館）一九九六年
今井雅晴『時宗成立史の研究』（吉川弘文館）一九八一年
『中世社会と時宗の研究』（吉川弘文館）一九八五年、
梅谷繁樹『中世遊行聖と文学』（桜楓社）一九八八年
「時宗遊行（藤沢）上人の道号について」（『印度學佛教學研究』第三五巻第一号所収）一九八六年
大橋俊雄『時衆過去帳』時衆史料第一（時宗教学研究所）一九六四年
『時宗の成立と展開』（吉川弘文館）一九七三年

「一遍と時宗教団」（教育社）一九七四年
『時宗二祖　他阿上人法語』（大蔵出版）一九七八年
『一遍上人語録』（岩波文庫）一九八五年
大山喬平・村井康彦編『七条道場金光寺文書の研究』（法藏館）二〇一二年
小野澤眞『中世時衆史の研究』（八木書房）二〇一二年
『時衆文献目録』（高志書院）二〇一六年
金井清光『時衆教団の地方展開』（東京美術）一九八三年
菊地勇次郎『浄土信仰の世界』（勉誠出版）二〇一四年
河野憲善『一遍教学と時衆史の研究』（東洋文化出版）一九八一年
高野修『時宗教団史』（岩田書院）二〇〇三年
高野修・長澤昌幸『時宗年表』（平凡社）二〇一九年
竹内明『仏教的伝統と教育』（国書刊行会）二〇一四年
橘俊道『一遍上人の念仏思想と時衆』（橘俊道先生遺稿集刊行会一）九九〇年
平田諦善『時宗教学の研究』（山喜房佛書林）一九六五年
吉川清『時衆阿弥教団の研究』（池田書店）一九五六年
長澤昌幸「他阿真教の思想背景」（『時宗教学年報』第四五輯所収）二〇一七年
「他阿託何述『条条行儀法則』講読」（『時宗教学年報』第四六輯所収）二〇一八年
「他阿弥陀仏『道場制文』講読」（『時宗教学年報』第四七輯所収）二〇一九年
『法燈を継ぐ―真教上人の生涯とその教え―』（時宗宗務所）二〇一九年
「他阿真教の教化論」（『日本仏教教育学会年報』第二八号所収）二〇二〇年

長澤昌幸……ながさわ・まさゆき
昭和五十年（一九七五）、山形県東置賜郡川西町に生まれる。
大正大学大学院文学研究科仏教学専攻博士後期課程単位取得満期退学。博士（仏教学）大正大学。専門分野は時宗学。時宗宗学林講師、京都西山短期大学専任講師、時宗宗学林学頭などを経て、現在は大正大学仏教学部専任講師、時宗教学研究所所員、滋賀県大津市長安寺住職。
著書に『清浄光寺史』（共著 清浄光寺 二〇〇七）『経典とは何か（二）』（共著 平楽寺書店 二〇一〇）関寺叢書『法国寺諸記録』（編著 長安寺 二〇一二）『一遍読み解き事典』（共著 柏書房 二〇一四）『一遍仏教と時宗教団』（単著 法藏館 二〇一七）『時宗年表』（共著 平凡社　二〇一九）などがある。

構築された仏教思想
一遍——念仏聖の姿、信仰のかたち

二〇二一年一月三十日　初版第一刷発行

著者　長澤昌幸
発行者　水野博文
発行所　株式会社佼成出版社
〒一六六-八五三五　東京都杉並区和田二-七-一
電話　〇三-五三八五-二三一七（編集）
〇三-五三八五-二三二三（販売）
URL https://kosei-shuppan.co.jp/

印刷所　大日本印刷株式会社
製本所　大日本印刷株式会社

◎落丁本・乱丁本はお取り替えいたします。
〈出版者著作権管理機構（JCOPY）委託出版物〉
本書の無断複製は著作権法上での例外を除き禁じられています。複製される場合はそのつど事前に、出版者著作権管理機構（電話03-5244-5088、ファクス03-5244-5089、e-mail: info@jcopy.or.jp）の許諾を得てください。
© Masayuki Nagasawa, 2021. Printed in Japan.
ISBN978-4-333-02837-5　C0315

構築された仏教思想

信仰から論理へ——。言語化され有機化された仏教思想。
そのシステムの全貌と本質をラディカルに問い直す。仏教学の新たな地平を切り拓く刺戟的な試み。

ゴータマ・ブッダ 縁起という「苦の生滅システム」の源泉 並川孝儀

龍樹 あるように見えても「空」という 石飛道子

法蔵 「一即一切」という法界縁起 吉津宜英

空海 即身成仏への道 平井宥慶

親鸞 救済原理としての絶対他力 釈 徹宗

道元 仏であるがゆえに坐す 石井清純

妙好人 日暮しの中にほとばしる真実 直林不退

一遍 念仏聖の姿、信仰のかたち 長澤昌幸

以下続刊

ツォンカパ 松本峰哲

覚鑁 白石凌海

蓮如 佐々木隆晃